I0517606

DER UMFASSENDE RATGEBER FÜR GOLDENDOODLES

Erin Hotovy

LP Media Inc. Verlag

Text copyright © 2025 von LP Media Inc.

Alle Rechte vorbehalten.

Kein Teil dieses Buches darf in irgendeiner Form oder auf irgendeine Weise, sei es elektronisch oder mechanisch, einschließlich Fotokopieren, Aufzeichnen oder durch ein Informationsspeicher- und -abrufsystem, ohne schriftliche Genehmigung des Verlags reproduziert oder übertragen werden. Ausgenommen sind Rezensenten, die in einer Zeitschrift oder Zeitung kurze Passagen zitieren dürfen. Für Informationen wenden Sie sich an LP Media Inc. Verlagswesen, 30012 Variolite St. NW, Princeton, MN 55337, USA

www.lpmedia.org

Veröffentlichungsdaten

Erin, Hotovy.

Der Umfassende Ratgeber Für Goldendoodles ---- Erste Auflage.

Zusammenfassung: "Erfolgreiche Aufzucht eines Goldendoodle-Hundes vom Welpen bis ins hohe Alter"--- Vom Verlag bereitgestellt.

ISBN: 978-1-961846-44-9

[1. Goldendoodles --- Sachbuch] I. Titel.

Dieses Buch wurde mit dem Ziel verfasst, genaue und verlässliche Informationen zum behandelten Thema bereitzustellen. Trotz sorgfältiger Vorbereitung lehnen Autor und Verlag ausdrücklich die Verantwortung für etwaige Fehler, Auslassungen oder negative Auswirkungen ab, die durch die Anwendung der enthaltenen Informationen entstehen könnten. Die vorgestellten Techniken und Vorschläge sollten nach eigenem Ermessen genutzt werden und ersetzen keinesfalls die professionelle tierärztliche Betreuung. Bei gesundheitlichen Problemen Ihres Hundes konsultieren Sie bitte Ihren Tierarzt.

Entworfen von Sorin Rădulescu

Erste deutsche Ausgabe, 2025

Cover Foto von Bree Wright
Oliver the Goldendoolde: @oliverthegoldendoodle auf Instagram

3

Inhaltsverzeichnis

KAPITEL 1
Einführung in die Welt der Goldendoodles

Es ist kein Geheimnis, dass Goldendoodles derzeit zu den beliebtesten Hunderassen gehören. Überall sieht man diese flauschigen, verspielten Vierbeiner. Sie werden für ihr plüschtierähnliches Aussehen und ihr intelligentes und verspieltes Wesen geliebt. Wenn du jemals Zeit

Foto von Bree Wright

mit einem Goldendoodle verbracht hast, weißt du, warum ihre Besitzer diese Rasse so vergöttern. Falls nicht, wird dir dieses Kapitel alles über die Hunderasse beibringen, die Deutschland im Sturm erobert.

Was ist ein Goldendoodle?

Einfach ausgedrückt ist der Goldendoodle eine Kreuzung zwischen einem Golden Retriever und einem Pudel. Diese Mischung vereint den niedlichen und verspielten Golden Retriever mit dem intelligenten, lockenfellbegabten Pudel zu einer neuen und spannenden Rasse. Allerdings ist diese Kreuzung oft komplexer als das einfache Mischen eines Golden Retrievers mit einem Pudel. Häufig werden mehrere Kreuzungen vorgenommen, bevor eine Linie zum Verkauf angeboten wird.

In manchen Fällen wird ein Goldendoodle mit einem Pudel gekreuzt, um die lockigen Fellmerkmale hervorzuheben. Je mehr Pudel-Anteil in der Mischung steckt, desto lockiger wird das Fell. Dies ist besonders attraktiv für Besitzer, die einen Hund möchten, der nicht so stark haart, oder die einfach den lockigen Look bevorzugen. In anderen Fällen wird ein Goldendoodle mit einem anderen Goldendoodle gekreuzt. Durch die Kreuzung derselben Mischrasse können Züchter bestimmte Eigenschaften verfeinern, die sie bei ihren Hunden bevorzugen. Es erfordert viel Zeit und Fachwissen, aber ein guter Züchter kann einen Welpen erschaffen, der all die besten Eigenschaften eines Golden Retrievers und all die gewünschten Eigenschaften eines Pudels in sich vereint, um einen wahren Super-Hund zu kreieren!

Designer-Hunde und beliebte Vierbeiner

Wenn du auf den offiziellen Webseiten des VDH nach Goldendoodles suchst, wirst du feststellen, dass diese Rasse dort nicht aufgeführt ist. Das liegt daran, dass viele Organisationen keine Mischlinge anerkennen. Goldendoodles werden oft als „Designer-Hunde" bezeichnet, weil sie gezielt gekreuzte Hunde sind, die neu und aufregend sein sollen und viele wünschenswerte Eigenschaften vereinen. Obwohl diese Hunde keine Mischlinge im herkömmlichen Sinne sind, gelten sie nicht als reinrassig – egal wie gut der Züchter ist.

Da diese Hunde so beliebt sind, versuchen manche Züchter sogar, gewöhnliche Mischlinge als Goldendoodles auszugeben. Züchter Darren Schmidt von DoodleFreunde rät, unbedingt die Elterntiere des Welpen zu überprüfen, bevor man einen Hund kauft. Um die Größe deines Welpen abzuschätzen, nimm das Durchschnittsgewicht der Eltern. Prüfe auch die Zuchtpapiere der Elterntiere. Besonders wenn du mit der Rasse nicht vertraut bist, möchtest du nicht viel Geld für eine andere Art von Hund ausgeben. Es ist bedauerlich, dass unehrliche Züchter Goldendoodles an ahnungslose Interessenten verkaufen, aber das gehört leider zum Kauf einer extrem beliebten Hunderasse dazu.

Da Designer-Hunde heutzutage so begehrt sind, gibt es keinen Mangel an Züchtern, die Würfe von Goldendoodles anbieten. Während dies die Suche nach deinem Traumhund erleichtert, bedeutet es auch, dass viele Züchter nur versuchen, vom neuesten Trend zu profitieren. Aus diesem Grund musst du besonders vorsichtig sein, wenn du einen Züchter auswählst. In späteren Kapiteln werden wir ausführlich darauf eingehen, wie du den richtigen Züchter und den richtigen Welpen findest.

Foto von
Lindsey Jones
Cheree Federico Photography

Hintergrund von Pudeln und Golden Retrievern

„Sowohl Golden Retriever als auch Standardpudel wurden ursprünglich als Wasserapportierhunde gezüchtet. Ein gut gezüchteter Pudel ist ein würdevoller, starker Hund. Da Pudel und Golden für ähnliche Zwecke gezüchtet wurden, ergibt es Sinn, dass ein Goldendoodle eine großartige Kombination darstellt."

Jennifer Tramell
Musikstadt Goldendoodles

Da dein neuer Hund eine Mischung aus zwei verschiedenen Rassen ist, hilft es, einige Informationen über die beiden Elternrassen zu haben. Mischlinge können jede Kombination von Eigenschaften ihrer Eltern zeigen, daher kann es spannend sein, das Aussehen und Verhalten deines Hundes zu beobachten und zu erraten, woher seine spezifischen Merkmale stammen.

Golden Retriever sind bekannt dafür, großartige Familienhunde zu sein. Sie wurden ursprünglich als Jagdhunde gezüchtet, obwohl viele heute aufgrund ihres ruhigen Temperaments und ihrer Fähigkeit, Anweisungen zu befolgen, als Therapiehunde arbeiten. Sie sind energiegeladen, gehorsam und verspielt. Diese Hunde können zwischen 23 und 34 Kilogramm wiegen und haben ein glattes, dichtes Fell. Obwohl sie ruhige Hunde sind, brauchen sie dennoch viel Bewegung und Spielzeit, um glücklich und gesund zu bleiben. Sie verstehen sich hervorragend mit anderen Hunden, anderen Menschen und Kindern. Alles in allem ist es eine fantastische Rasse als Haustier.

Pudel sind für ihr elegantes Aussehen und ihre Intelligenz bekannt. Diese Rasse ist ebenfalls recht groß und wiegt zwischen 18 und 32 Kilogramm. Natürlich bevorzugen viele Besitzer die kleineren Varianten dieser Rasse, weil sie etwas weniger Hund zu handhaben haben. Während du dir diese Rasse vielleicht im Ausstellungsring vorstellst, wurden sie ursprünglich zur Rattenjagd gezüchtet. Inzwischen haben sie sich auch zu Begleithunden entwickelt. Während Bilder von gepflegten und ordentlichen Ausstellungshunden dich glauben lassen könnten, dass der Pudel ein zimperlicher Hund ist, könnte nichts weiter von der Wahrheit entfernt sein. Pudel sind genauso albern und verspielt wie jede andere Rasse. Sie sind auch sehr intelligent, was das Training zum Kinderspiel macht.

Geschichte des Goldendoodles

Der erste Goldendoodle wurde um 1970 in Nordamerika gezüchtet, um den nicht haarenden Aspekt des Pudelfells mit einem Golden Retriever zu kombinieren. Diese Rasse setzte sich in den Neunzigern durch, als Menschen begannen, traditionelle Servicehunderassen mit Pudeln zu kreuzen, damit sich sehbehinderte Menschen mit Hundeallergien einen Assistenzhund zulegen konnten, der sie nicht krank machte. Diese niedlichen Hunde wurden jedoch auch bei der breiten Öffentlichkeit beliebt, die ebenfalls eine Version des Golden Retrievers wollte, die nicht überall im Haus Fell und Hautschuppen hinterließ. Während diese Designer-Hunde also ursprünglich einem sehr spezifischen Zweck für blinde Menschen mit Hundeallergien dienten, wurden sie bald für jeden verfügbar, der das Aussehen dieser flauschigen Mischrasse bevorzugte.

Foto von
Kay Patton

Körperliche Merkmale

Foto von Nitin Kayathi

Goldendoodles haben ein markantes Aussehen, das anderen Pudel-Kreuzungen nicht unähnlich ist. Es sind große Hunde, die zwischen 23 und 41 Kilogramm schwer werden können, wobei kleinere Varianten bei weitem nicht so groß werden. Sie haben ein welliges oder lockiges Fell, je nach ihrer Zucht. Ihr Fell ist in der Regel etwa fünf bis acht Zentimeter lang, wobei das Fell an ihren Beinen und am Kopf etwas kürzer sein kann. Die meisten dieser Hunde haben ein goldenes Fell, aber es ist auch möglich, einen schwarzen, weißen, grauen, roten oder braunen Goldendoodle zu bekommen. Sie haben auch einen langen Schwanz und Schlappohren. Diese Hunde haben einen mittleren Körperbau, können aber kräftig werden, wenn sie überfüttert werden und nicht genügend Bewegung bekommen. Diese Rasse sollte weder knochig noch stämmig sein.

Es kann viel Variation im Erscheinungsbild geben, da es für diese Hunde keinen festgelegten Standard gibt. Als Designer-Rasse werden sie nicht von traditionellen Hundezuchtvereinen anerkannt, die solche Standards festlegen. Stattdessen werden sie oft nach den Vorlieben des Züchters gezüchtet. Wenn du das Aussehen und Temperament des Goldendoodles magst, aber dir Sorgen um seine große Statur machst, gibt es kleinere Varianten. Wenn ein Golden Retriever oder Goldendoodle mit einem Toy- oder Zwergpudel gekreuzt wird, führt dies zu einem etwas kleineren Hund.

Auch die Textur des Fells kann variieren, abhängig von den Fellgenen, die bei deinem Vierbeiner zum Ausdruck kommen. Je mehr Pudel im Hund steckt, desto lockiger wird das Fell sein. Weniger Pudel-Gene führen zu einem welligen Fell. Die Optionen bei der Felltextur ermöglichen es dir, zwischen einem kuschligen Teddybären und einem liebenswerten zotteligen Hund zu wählen. Wenn du diese Rasse jedoch wegen Allergien kaufst, wirst du vielleicht die lockigere Option bevorzugen.

Vorteile „hypoallergener Hunde"

Der Grund, warum diese Hunde überhaupt so beliebt wurden, ist, dass sie oft als hypoallergene Hunde bezeichnet werden. Obwohl es keinen wirklich hypoallergenen Hund gibt, sind Pudel und Pudel-Kreuzungen dafür bekannt, nicht sehr stark zu haaren. Dieses geringe Haaren reduziert die Menge an Tierschuppen, die in dein Zuhause freigesetzt werden. Diese Schuppen sind mitverantwortlich für die juckenden Augen und die laufende Nase, die Allergiker nur zu gut kennen.

Sei dir jedoch bewusst, dass Schuppen nicht das einzige sind, das eine allergische Reaktion auslösen kann. Auch Speichel kann die allergische Reaktion auslösen, die du durch den Kauf dieser Rasse vermeiden möchtest. Wenn du also so schwere Allergien hast, dass du keinen Hund ohne lockiges Fell besitzen kannst, ist es eine gute Idee, einige Hunde zu testen, bevor du einen findest, in dessen Nähe du sein kannst, ohne dich krank zu fühlen. Manchmal berichten Menschen von einer allergischen Reaktion auf einen Hund in einem Wurf, aber nicht auf einen anderen. Oder sie wird durch den Speichel und nicht durch die Schuppen ausgelöst. Wenn du einen Goldendoodle in Betracht ziehst, weil du keine andere Rasse haben kannst, nimm dir die Zeit, mit einem Züchter zusammenzuarbeiten und versuche, etwas Zeit mit den Hunden zu verbringen, damit du nicht mit einem endest, der dich zum Niesen bringt.

Wenn Allergien in deinem Haushalt ein Problem darstellen, findest du den richtigen Züchter vielleicht, indem du nach dem Fell der Hunde fragst. Züchter wie Bettina Eckert von Hügel-Welpen führen DNA-Tests an ihren Hunden durch, um herauszufinden, welche spezifische Haargene tragen. Auf diese Weise können sie Hunde mit Genen züchten, die mit dem Nicht-Haar-Merkmal übereinstimmen. Laut dieser Züchterin sind rote, braune und cremefarbene Pudel eher in der Lage, ein nicht haarendes Fell zu produzieren als Pudel anderer Farben. Ein Züchter, der sich besonders bemüht, sicherzustellen, dass dein neuer Freund dich nicht krank macht, kann für Menschen mit Allergien sehr vorteilhaft sein.

Selbst wenn du keine Allergien hast, kann es angenehm sein, einen Hund zu haben, der nicht überall in deinem Zuhause haart. Während alle Hunde ein wenig haaren, gibt es einen großen Unterschied zwischen der Menge an Fell, die ein Golden Retriever hinterlässt, und dem, was ein Goldendoodle abgibt. Wenn du einen Hund möchtest, aber nicht begeistert davon bist, häufig deine Böden zu saugen, ist diese Rasse eine gute Wahl.

Verhaltensmerkmale des Goldendoodles

„Goldendoodles bekommen ihre Intelligenz von ihrer Pudel-Genetik, aber sie bekommen auch ihre Liebe, Zuneigung und den Wunsch zu gefallen von der Golden Retriever-Genetik, was sie leicht zu trainieren macht. Das macht Goldendoodles zu einer der bevorzugten Rassen für Therapiehunde."

Kristine Probst
Inselgarten Hundezwinger

Diese Rasse ist der Inbegriff des besten Freundes des Menschen. Sie kommen in jeder Art von Zuhause gut zurecht und verstehen sich mit jedem. Sie haben eine fröhliche Energie, die sie zu einer Freude macht, in ihrer Nähe zu sein. Sie sind albern und lieben es zu spielen, können aber auch ruhig und verschmust sein. Diese Rasse liebt es, lange Spaziergänge zu machen und stundenlang Apportieren zu spielen. Sie sind der Typ, der immer begierig darauf ist, nach draußen zu gehen und zu spielen, und der sich langweilt, wenn er gezwungen wird, ein Couchpotato zu sein.

Goldendoodles sind sanfte, freundliche Hunde, die mit jedem gut auskommen. Wenn du Kinder oder andere Hunde in deiner Familie hast, wäre das eine großartige Ergänzung für dein Zuhause. Dieser Hund ist das Gegenteil eines Wachhundes – Goldendoodles sind dafür bekannt, zu jedem freundlich zu sein, den sie treffen. Sie wollen so viel wie möglich mit anderen Menschen zusammen sein. Das bedeutet jedoch, dass sie kein gutes Haustier für jemanden sind, der selten zu Hause ist. Wenn sie zu lange allein gelassen werden, können Goldendoodles Trennungsangst entwickeln, was oft zu destruktiven Gewohnheiten führt.

Intelligenz ist ein weiteres Merkmal, das bei dieser Rasse häufig zu beobachten ist. Diese Intelligenz wird dir helfen, deinen Hund zu trainieren. Diese Hunde lieben es, neue Dinge zu lernen und täglich herausgefordert zu werden. Manchmal wird intelligenten Hunden langweilig, wenn ihr Geist nicht aktiv gehalten wird, daher ist es wichtig, das Training fortzusetzen und interaktive Spiele mit deinem Goldendoodle zu spielen. Eine solide Kenntnis von Kommandos wird deinen schelmischen Welpen auch davon abhalten, in zu viel Ärger zu geraten, wenn er seine eigenen Regeln aufstellt!

Ist ein Goldendoodle das Richtige für dich?

Nach dem Lesen dieses Kapitels bist du vielleicht überzeugt, dass dies die beste Rasse überhaupt ist, aber es ist wichtig, ehrlich zu dir selbst zu sein, bevor du dich für einen Hund entscheidest. Dein kleiner Kumpel wird von dem Moment an, in dem du ihn nach Hause bringst, an dir hängen, daher ist es wichtig, dass du dir sicher bist, dass du ihm das bestmögliche Zuhause bieten kannst.

Erstens, kann dein Zuhause einen Goldendoodle unterstützen? Das sind große Hunde, die viel Platz zum Herumlaufen brauchen und in einer Wohnung möglicherweise nicht so gut zurechtkommen. Andererseits gedeiht dieser Hund in einem Haus mit einem eingezäunten Garten. So gibt es genügend Platz zum Herumtollen und gleichzeitig wird sichergestellt, dass dein Hund nicht wegläuft.

Als nächstes, wer ist zu Hause? Dieser Hund kommt mit anderen Menschen und Haustieren gut zurecht. Mit ein wenig Sozialisierung wird sich dein Hund bei jedem wohlfühlen. Aber Goldendoodles mögen es nicht, allein gelassen zu werden. Wenn du viel Zeit außerhalb des Hauses verbringst, solltest du vielleicht eine Rasse in Betracht ziehen, die mit Ruhezeiten besser umgehen kann als der Goldendoodle. Dieser Hund braucht jemanden, der ihm Gesellschaft leistet.

Außerdem, bist du bereit, aktiv zu sein? Dieser Hund gedeiht mit dem abenteuerlustigen Besitzer, der gerne Zeit im Freien verbringt. Wenn du gerne lange Spaziergänge oder kurze Joggingrunden machst, dann wird dieser Hund der perfekte Begleiter sein. Wenn du nicht in der Lage bist, den Bewegungsbedarf dieses Hundes zu erfüllen, gibt es andere Rassen, die etwas weniger Bewegung benötigen. Der Goldendoodle muss oft frische Luft schnappen und sich bewegen.

Schließlich, bist du bereit, deine Zeit und Energie für die Pflege deines Hundes aufzuwenden? Diese Rasse entwickelt sich am besten, wenn sie gut trainiert ist und ständig ihre Fähigkeiten übt. Das erfordert viel Zeit und Mühe. Außerdem müssen diese Hunde Begleiter sein, also wenn du zu beschäftigt bist oder kein Interesse daran hast, viel Zeit mit diesem Hund zu verbringen, ist er vielleicht nicht die richtige Rasse für dich. Mit einem Goldendoodle kannst du planen, Stunden deines Tages mit deinem Hund zu verbringen. Dies ist kein Hund, der draußen gelassen oder von Haus zu Haus weitergereicht werden kann. Wenn du diesen Hund nach Hause bringst, dann deshalb, weil du einen besten Freund haben möchtest, der so oft wie möglich an deiner Seite ist.

Wenn du diese Fragen mit Ja beantwortet hast, dann könnte ein Goldendoodle ein großartiges Haustier für dich sein! Es gibt jedoch viele Dinge, die du tun musst, bevor du deinen Hund nach Hause bringen kannst; andernfalls ist es vielleicht nur eine Frage der Zeit, bis dein Zuhause stabiler für einen Goldendoodle ist.

Goldendoodles sind einzigartige Hunde, die speziell dafür gezüchtet wurden, in den meisten Haushalten gut zurechtzukommen. Dieser Hund ist ein Begleittier, der mit Sicherheit dein Leben erhellen wird. Sie sind familienfreundliche Hunde mit Fell, das dein Haus sauber halten und dich vor dem Niesen bewahren wird. Wenn du entschieden hast, dass dieser Hund das Richtige für dich ist, ist es Zeit, dich auf deinen neuen Freund vorzubereiten.

KAPITEL 2
Einen Goldendoodle auswählen

Heutzutage ist es nicht allzu schwer, jemanden zu finden, der Goldendoodles verkauft. Ihre Beliebtheit bedeutet, dass es mehr Züchter gibt, die diesen entzückenden Hund anbieten. Allerdings führt dies auch dazu, dass es mehr Hobbyzüchter und Goldendoodles in Tierheimen gibt als je zuvor. Sobald du dich entschieden hast, dass ein Goldendoodle zu dir passt, ist es an der Zeit herauszufinden, wo du deinen perfekten Goldendoodle herbekommst. Die Suche eines Züchters kann ein entmutigender Prozess sein, aber dieses Kapitel gibt dir einige

Foto von
Ashley Anderson

Tipps und Tricks, um den Kauf- oder Adoptionsprozess so reibungslos wie möglich zu gestalten.

Kaufen oder Adoptieren

Bevor du dich für den erstbesten verfügbaren Goldendoodle entscheidest, ist es wichtig zu überlegen, ob du deinen Hund lieber kaufen oder adoptieren möchtest. Beide Optionen haben ihre Vor- und Nachteile. Menschen können leidenschaftlich für die eine oder andere Seite eintreten, daher ist es wichtig, letztendlich das zu tun, was für dich und deinen Haushalt am besten ist. Wenn es um etwas so Wichtiges geht wie die Auswahl eines neuen besten Freundes fürs Leben, sollte dich niemand zu einer Entscheidung drängen, die du ohne deren Einfluss nicht treffen würdest. Es ist gut, beide Optionen zu berücksichtigen, damit deine überlegte Entscheidung die beste für dich ist.

Wenn du einen Hund von einem seriösen Züchter kaufst, solltest du eine ungefähre Vorstellung davon haben, wie dein Hund sein wird. Gute Züchter investieren viel Sorgfalt und Fachwissen in die Zucht der besten Hunde, die sie züchten können. Das bedeutet, dass ihre Welpen ein ausgezeichnetes Wesen haben und ihr Felltyp mit Besitzern kompatibel ist, die an Hundeallergien leiden. Diese Hunde kommen oft mit Gesundheitsgarantien, die dir versichern, dass der Hund frei von genetischen Gesundheitsproblemen sein sollte, die zu verheerenden Verlusten oder enormen Tierarztrechnungen führen können. Der Kauf eines Hundes beim richtigen Züchter kann sicherstellen, dass dein Hund gesund und gut gezüchtet ist. Wenn du außerdem vorhast, deinen Hund bei Wettbewerben vorzuführen, wirst du wahrscheinlich einen Hund aus einer Championlinie haben wollen.

Es gibt auch einige Vorteile, wenn du einen Welpen in dein Zuhause bringst, im Gegensatz zu einem Hund mit früheren Besitzern. Es ist schwer zu wissen, welche Kommandos ihm die vorherigen Besitzer beigebracht haben, zusammen mit schlechten Angewohnheiten, die sie ihrem Hund antrainiert haben. Mit einem neuen Welpen bist du der Einzige, der für sein Verhalten verantwortlich ist. Dein Welpe wird nicht mit seltsamen Verhaltensweisen kommen, die zu lange toleriert und ignoriert wurden. Stattdessen wirst du in der Lage sein, unerwünschtes Verhalten von klein auf zu korrigieren.

Es gibt jedoch auch einige Vorteile bei der Adoption eines Hundes. Welpen sind bekanntermaßen schwierig zu handhaben, daher passt ein erwachsener Hund möglicherweise besser zu deinem Lebensstil. Viele vermittelte Hunde kommen von Besitzern, die ihre Hunde gut behan-

Foto von
Gabrielle Pawelko

delt und gut ausgebildet haben. Es ist also möglich, einen Hund in dein Zuhause aufzunehmen, der bereits stubenrein ist und einige grundlegende Kommandos kennt. Außerdem sind erwachsene Hunde im Allgemeinen ruhiger als Welpen und benötigen etwas weniger Aufsicht und weniger Toilettengänge. In vielen Fällen holst du dir einfach einen guten Hund in dein Leben, für den jemand anderes bereits die harte Arbeit geleistet hat.

Der vielleicht größte Grund, warum Menschen sich für eine Adoption entscheiden, ist, dass es so viele wunderbare Hunde gibt, die ein gutes Zuhause brauchen. Oft sind die Hunde in Tierheimen und Auffangstationen sehr gute Hunde, aber ihre Besitzer konnten sie nicht behalten. Selbst wenn die Hunde aus Verhaltensgründen abgegeben wurden, könnte ein anderer Besitzer oder Haushalt das Leben des Hundes zum Besseren wenden. Wenn mehr Menschen adoptieren als kaufen, bringt das Welpenfabriken und unerfahrene Züchter aus dem Geschäft. Wenn du daran interessiert bist, das Leben eines Hundes zu retten und flexibel bist, welche Art von Goldendoodle du in dein Zuhause bringst, dann ist eine Adoption eine großartige Wahl.

Wie man einen seriösen Züchter findet

Sobald du dich entschieden hast, einen Goldendoodle-Welpen zu kaufen, solltest du den richtigen Züchter finden. Es ist verlockend, einen Hund mit Rabatt zu kaufen, aber diese kommen in der Regel von Hobbyzüchtern. Um den besten Goldendoodle zu finden, musst du etwas recherchieren.

Zunächst könntest du versuchen, mit anderen Goldendoodle-Besitzern zu sprechen. Du kannst Empfehlungen für Züchter einholen und mehr über ihre Zuchtstätten erfahren. Wenn ein Hundebesitzer fantastische Erfahrungen mit einem Züchter gemacht hat, dann solltest du vielleicht Kontakt aufnehmen. Frage Besitzer nach Preis, Gesundheit ihrer Haustiere und Kommunikation. Wenn ein Goldendoodle-Besitzer davon schwärmt, wie großartig sein Züchter ist, besteht eine gute Chance, dass dieser sich sehr um sein Geschäft und die Hunde, die er züchtet, kümmert.

Der VDH (Verband für das Deutsche Hundewesen) ist ein weiterer guter Ort für Empfehlungen. In der Welt des Hundetrainings und der Ausstellungen findet viel Networking statt, und wenn die Person, mit der du Kontakt aufnimmst, keinen Züchter kennt, besteht eine gute Chance, dass sie dich mit jemandem in Kontakt bringen kann, der einen kennt. Diese Menschen sind sehr leidenschaftlich, wenn es um Hunde geht, und möchten, dass du die richtige Wahl triffst, wenn es darum geht, einen neuen Freund auszusuchen.

Ein Tierarzt kann dir möglicherweise auch helfen, einen großartigen Züchter zu finden. Tierärzte haben ein großes Netzwerk in ihrer Gemeinschaft und arbeiten möglicherweise sogar mit Goldendoodle-Züchtern zusammen. Selbst wenn sie keine Namen für dich haben, können sie dir Tipps zur Auswahl eines Züchters in deiner Nähe geben und dir sagen, worauf du bei Goldendoodles achten solltest. Jeder in deiner Gemeinschaft, der sich um Hunde kümmert, ist eine fantastische Ressource für deine Reise als Goldendoodle-Besitzer.

Wenn alles andere fehlschlägt, kann eine einfache Internetsuche die Art von Informationen liefern, nach denen du suchst. Sei vorsichtig, denn selbst die schlechtesten Züchter können eine auffällige Website erstellen. Gleichzeitig ist ein etablierter Züchter möglicherweise nicht auf dem neuesten Stand der Technik. Beurteile die Websites, die du findest, mit Vorsicht. Es mag nicht der schnellste Weg sein, unerfahrene Züchter auszusortieren, aber es ist ein Anfang.

Foto von
Cherrie Mahon
River Valley Doodles

Züchter recherchieren

„Mach deine Hausaufgaben! Recherchiere den Züchter gründlich. Kontaktiere frühere Käufer, ihren Tierarzt, ihren Trainer, sogar einen Hundefriseur, der ihre Welpen pflegt, um Informationen über die Art des produzierten Fells zu erhalten. Stürze dich nicht übereilt in einen Welpenkauf."

Maureen Simpson
Arizona Goldendoodles

Sobald du deine Auswahl an potenziellen Züchtern eingegrenzt hast, recherchiere, um sicherzustellen, dass sie die richtigen sind. Das Hauptaugenmerk sollte darauf liegen, einen Beweis dafür zu finden, dass der Züchter aus den richtigen Gründen im Geschäft ist. Oft greifen Menschen einen Trend auf und versuchen, davon zu profitieren. Menschen ohne Zuchterfahrung sehen, dass Goldendoodles beliebt sind, und wollen ihre eigenen züchten, um Geld zu verdienen. Während einige dieser Züchter es gut meinen und sich um ihre Welpen kümmern, haben sie nicht unbedingt das Wissen, um gute, gesunde Welpen zu produzieren. Es gibt auch Züchter, die ihre Welpen nicht gut behandeln und nur im Zuchtgeschäft sind, um Geld zu verdienen. Diese Art von Züchtern sollte um jeden Preis vermieden werden.

Ein gut gezüchteter Goldendoodle-Welpe ist nicht billig. Rechne damit, zwischen 600 und 1.600 Euro für einen Welpen auszugeben. Wenn du einen verdächtig niedrigen Preis siehst, besteht eine gute Chance, dass etwas mit dem Hund oder den Zuchtbetrieben nicht stimmt. Diese Art von Hund könnte immer noch ein guter Begleiter sein, aber du wirst später mehr für Gesundheitskosten bezahlen. Wenn du dir einen gut gezüchteten Hund wünschst, wirst du diesen sicherlich nicht zu einem viel niedrigeren Preis bekommen.

Du möchtest auch, dass die Hunde deines Züchters einige Erfolge im Ausstellungsring haben, besonders wenn du deinen neuen Goldendoodle ausstellen möchtest. Obwohl es keine Rasseklassifikation für Goldendoodles gibt, können Welpen immer noch von preisgekrönten Elterntieren abstammen. Frage den Züchter, ob seine Hunde oder seine Welpen Preise gewonnen haben. Frage auch nach Details zur Gesundheit ihrer Hunde. Sie sollten wissen, welche genetischen Krankheiten bei diesen Rassen häufig vorkommen, und dir sagen können, wie sie diese Krankheiten in ihrer Zucht vermeiden.

Schließlich solltest du sehen, ob sie dich ihre Zuchtstätte besuchen lassen. Einige Züchter zögern möglicherweise, dir ihre Hunde zu zeigen, weil sie nicht gut genug sind. Wenn der Ort, an dem sie die Hunde halten, nicht sauber ist, kannst du davon ausgehen, dass sie sich nicht sehr gut um ihre Hunde kümmern. Da Züchter in der Regel von zu Hause aus arbeiten, ist es für einen Züchter möglicherweise nicht immer einfach, zu jeder Tageszeit Besucher zu empfangen. Ein guter Züchter wird jedoch eher dazu bereit sein, Zeit zu investieren, um mit dir über seine Hunde zu sprechen, entweder persönlich oder am Telefon.

Foto von
Ashlyn Hatfield

Foto von
Katie Carlson

Gesundheitstests, Zertifizierungen und Verträge

Wie bereits erwähnt, haben Goldendoodles keine Rasseanerkennung, da sie Mischlinge sind. Es gibt jedoch Organisationen, die Mischlinge zulassen und sogar Standards für Aussehen und Verhalten festlegen. Der Goldendoodle Association of North America ist ein solcher Verein, der Züchtern Mitgliedschaft anbietet und Welpen registriert. In Deutschland sind Goldendoodles hauptsächlich über den Allgemeinen Rassehunde Club Deutschland e.V. (ARCD) und den Internationalen Canis Club (ICC) registriert, die speziell Hybridhunderassen betreuen und Standards für die Zucht festlegen. Durch die Mitgliedschaft unterstützen diese Organisationen Züchter durch Lernmöglichkeiten. Im Gegenzug bürgen die Organisationen für ihre Züchter. Wenn dein Züchter also Mitglied einer Goldendoodle-Organisation ist, bedeutet das, dass er Zeit und Geld investiert hat, um mehr über die Rasse zu erfahren und auf die festgelegten Standards hinarbeitet.

Wenn dein Züchter in einer dieser Organisationen engagiert ist, besteht eine gute Chance, dass er auch seine Welpen registriert. Das bedeutet, dass sie einen Stammbaum für ihren Welpen haben, der mehrere Generationen zurückreicht. Dies ist nur eine weitere Identifikationsebene, die dir zeigt, dass dein Welpe von guter Abstammung ist. Die Goldendoodle-Organisation, bei der dein Hund registriert ist, gibt dir im Austausch für eine Gebühr, die dazu beiträgt, diese Rasseorganisationen am Laufen zu halten, ein Abstammungszertifikat.

Dein Züchter kann auch Gesundheitstests und Verträge anbieten. Der Züchter lässt seine Hunde von einem Tierarzt auf häufige genetische Krankheiten untersuchen. Einige Tests können auch an den Welpen durchgeführt werden, damit der Züchter sie mit gutem Gewissen verkaufen kann. Sobald du den Hund kaufst, kann dein Züchter verlangen, dass du den Hund in den ersten Monaten auch zu deinem Tierarzt bringst, nur um sicherzustellen, dass der Hund gesund ist. Wenn dein Hund später krank wird, ist dein Züchter nicht dafür verantwortlich, weil dein Hund zum Zeitpunkt des Verkaufs gesund war. Um den Züchter und deinen neuen Hund zu schützen, kann es sein, dass du gebeten wirst, einen Vertrag abzuschließen, um deinen Hund von einem Tierarzt untersuchen zu lassen.

Deinen Welpen auswählen

„Goldendoodles variieren stark in der Größe, also sei dir bewusst, welche Größe du möchtest, und rechne nach, unabhängig davon, was der Züchter dir sagt. Das Kombinieren des Gewichts der Eltern und das Teilen durch zwei gibt dir eine gute Schätzung des Erwachsenengewichts des Hundes."

Darren Smith
DoodlePups

Sobald du einen Züchter ausgewählt hast, ist es Zeit, einen Hund auszuwählen. Da diese Rasse so gefragt ist, kann es schwierig sein, den Welpen deiner Wahl zu bekommen. Heutzutage werden Hunde oft über den Computer reserviert. Nachdem sie einen Wurf entzückender Welpen gesehen haben, beanspruchen Menschen sie schnell und wählen nach Aussehen. Einen guten Hund macht jedoch mehr aus als nur sein niedliches Aussehen. Die Persönlichkeit eines Hundes ist auch äußerst wichtig. Schon im Alter von nur wenigen Monaten beginnen diese Welpen, Charakter und Veranlagung zu zeigen. Wenn es darum geht, die beste Persönlichkeit zu wählen, ist es klug, eine Persönlichkeit in der Mitte des Rudels zu wählen.

Du möchtest zum Beispiel keinen Hund, der zu schüchtern oder zu aggressiv ist. Du möchtest einen Hund, der neugierig genug ist, dich zu begrüßen, aber nicht so aufdringlich oder anhänglich, dass er nicht allein sein kann. Du solltest auch sicherstellen, dass sich der Hund in deiner Nähe und in der Nähe anderer Hunde wohlfühlt. Übersehe auch nicht den Instinkt. Wenn du eine besondere Verbindung zu einem Hund hast, dann ist er wahrscheinlich der Richtige für dich!

Tipps für die Adoption eines Goldendoodles

„Wenn du aus einem Tierheim auswählst, bedenke, was der Welpe bis zu diesem Zeitpunkt durchgemacht hat, und erwarte nicht den gleichen Welpen, den du bei einem Züchter finden würdest. Verlass dich auf die Expertise der Tierschutzgruppe, um dir bei einer guten Entscheidung zu helfen.“

Jennifer Tramell
Music City Goldendoodles

Vielleicht hast du dich dafür entschieden, dass du lieber einen Hund adoptieren als kaufen möchtest. Es kann schwierig sein, einen adoptionsbereiten Goldendoodle zu finden, wenn du dich entscheidest, dass du einen Hund möchtest. Hunde kommen in Tierheime und verlassen sie wieder, daher musst du möglicherweise eine Weile warten, bis ein Goldendoodle in einem örtlichen Tierheim ankommt. In der Zwischenzeit recherchiere, ob es Goldendoodle-Rettungsorganisationen in deiner Nähe gibt. Das sind spezielle Tierheime, die rassespezifisch sind. Freiwillige helfen dir, den richtigen Goldendoodle für dein Zuhause zu finden, weil sie ihre Hunde kennenlernen, bevor sie sie zur Adoption freigeben.

Adoption ist mehr als nur eine Gebühr zu zahlen und deinen neuen Goldendoodle abzuholen. Da diese Hunde einmal abgegeben wurden, sind die Freiwilligen, die diese Tierheime betreiben, sehr wählerisch, in welche Häuser sie als nächstes kommen. Zu viel Veränderung kann für einen Hund schwierig sein, daher soll ihr nächstes Zuhause ihr einziges Zuhause für den Rest ihres Lebens sein. Bei Goldendoodle-Rettungsorganisationen kannst du ein detailliertes Antragsformular und einen Hausbesuch erwarten. Diese Organisationen möchten wissen, wer in deinem Haus lebt und ob du andere Haustiere hast. Sie möchten wissen, wo du wohnst, welche Erfahrungen du mit Hunden hast und ob du einen Gartenzaun ohne Lücken hast, durch die ein Hund schlüpfen könnte.

Gib dich nicht mit irgendeinem Hund zufrieden, nur weil er zum Zeitpunkt deiner Suche verfügbar ist. Vielleicht hattest du dein Herz an einen erwachsenen Hund verloren und der im Tierheim ist ein Welpe. Oder vielleicht kann der Hund nicht in der Nähe von Kindern sein und du hast Kinder zu Hause. Es kann schwer sein, auf die richtige Rasse zu warten, die in einem Tierheim in deiner Nähe auftaucht, aber es ist am besten, einen Hund nicht in eine Situation zu zwingen, die nicht für ihn geeignet ist. Du wirst nur Probleme bekommen und musst den Hund ins Tierheim zurückbringen. Es kann etwas dauern, den richtigen Goldendoodle zur Adoption zu finden, aber es wird sich absolut lohnen, wenn du deinen Hund in sein neues Für-immer-Zuhause bringen kannst.

Es ist schwer, nicht den ersten Hund zu kaufen, den du siehst, aber versuche, dem Drang zu widerstehen, überstürzt zu handeln. Schließlich wird diese Entscheidung den Rest des Lebens deines Hundes beeinflussen. Nimm dir Zeit und erkunde alle deine Optionen. Das erlaubt dir nicht nur, den besten Welpen für dich zu bekommen, sondern du wirst auch Zeit haben herauszufinden, was du brauchst, um das Leben deines zukünftigen Hundes so perfekt wie möglich zu gestalten. Unterstütze gute Züchter, die ethische Praktiken anwenden, anstatt Hobbyzuchtbetriebe zu finanzieren. Stelle auch so viele Fragen wie möglich. Ein Züchter ist eine großartige Wissensquelle für alles, was du über deinen Goldendoodle wissen musst. Lerne so viel wie möglich von ihnen, damit der Übergang deines Hundes in dein Zuhause so perfekt ist wie dein Hund.

KAPITEL 3
Die Vorbereitung deines Zuhauses auf deinen Goldendoodle

Bevor du deinen Welpen überhaupt nach Hause bringst, ist es ratsam, ein paar Tage zu investieren, um dein Haus für den neuen Vierbeiner vorzubereiten. Wenn du zu lange wartest, wirst du dich dabei ertappen, wie du hektisch Topfpflanzen an unerreichbare Orte stellst, während du gleichzeitig versuchst, einen aufgeregten Welpen zu bändigen. Vorbereitung ist das A und O – nimm dir also Zeit, alles zu organisieren, bevor dein Welpe einzieht. Die Vorbereitung auf einen neuen

Foto von
Kari Bowdler

Hund ähnelt dem Kindersichern einer Wohnung – es geht darum, deinen Hund, deine anderen Haustiere und deine Besitztümer zu schützen.

Die Vorbereitung deiner Haustiere und Kinder

„Kinder sollten ihren neuen Welpen respektieren und lieben. Sorge dafür, dass der Welpe einen sicheren Rückzugsort hat, an den er sich vor Kleinkindern, Katzen und älteren Hunden zurückziehen kann, die vielleicht nicht in seiner Nähe sein möchten."

Donna LaQuiere
Music City Goldendoodles

Bei der Vorbereitung deines Zuhauses sind die anderen Lebewesen in deinem Haushalt am wichtigsten. Wenn du Kinder hast und dies ihr erstes Haustier ist, brauchen sie möglicherweise eine Einführung, wie man sich in der Nähe von Hunden verhält. Ebenso müssen sich deine anderen Haustiere an einen neuen Goldendoodle gewöhnen. In späteren Kapiteln wird die Sozialisierung ausführlich behandelt, aber hier sind einige wichtige Punkte, die du beachten solltest, wenn du deinen Hund nach Hause bringst.

Obwohl wir Hunde oft wie kleine Menschen behandeln, sind sie immer noch Tiere, die nach ihren natürlichen Instinkten handeln. Wenn dein Hund mit Kindern interagiert, sollte immer ein verantwortungsvoller Erwachsener dabei sein, besonders am Anfang. Goldendoodles kommen in der Regel gut mit Kindern zurecht, aber Unfälle passieren. Um diese zu vermeiden, ist es gut, mit Kindern darüber zu sprechen, wie man richtig mit Hunden umgeht.

Erkläre deinen Kindern, dass Hunde Angst bekommen können, wenn zu viel Aufregung herrscht. Laute Geräusche und wildes Herumtollen können einen Hund in Panik versetzen. Wenn ein Hund verängstigt ist, besteht seine erste Verteidigungslinie oft darin, sich aus der Situation zurückzuziehen. Aber wenn er in einem geschlossenen Bereich ist und jemand in sein Territorium eindringt, kann seine nächste Verteidigung darin bestehen, zu knurren und die Zähne zu fletschen. Das ist ein Warnsignal, das besagt, dass der Hund überfordert ist und etwas Abstand braucht. Wenn diese Warnung ignoriert wird, besteht die nächste Verteidigung darin, zu schnappen oder zu beißen. Dies kann eine verheeren-

Foto von
Nick Frega

de Reaktion sein, also bringe deinen Kindern bei, ruhig um deinen Hund herum zu sein und auf Warnsignale zu achten.

Außerdem können Hunde sofort von Spaß zu Verärgerung wechseln, wenn sie unsachgemäß behandelt werden. Ein Stups ins Auge oder ein gezogener Schwanz kann den Hund erschrecken und eine Abwehrreaktion auslösen. Bringe Kindern bei, einen Hund sanft am Rücken zu streicheln und Kopf und Schwanz zu meiden. Selbst ein sanfter, freundlicher Hund wird reagieren, wenn er Angst hat oder Schmerzen verspürt. Erkläre deinen Kindern, dass auch Hunde Schmerzen empfinden und Angst haben können.

Keine noch so gut gemeinten Motivationsgespräche werden deine vorhandenen Hunde oder Katzen auf ein neues Geschwisterchen vorbereiten, also musst du andere Methoden anwenden. Wenn es darum geht, deine alten Haustiere mit einem neuen bekannt zu machen, brauchst du viel Zeit. Zwinge niemals zwei Tiere, nahe beieinander zu sein. Goldendoodles kommen zwar recht gut mit anderen Haustieren zurecht, aber Tiere können unberechenbar sein. Sie senden viele Signale aus, die für

Menschen nicht wahrnehmbar sind, sodass du möglicherweise erst von einem Problem erfährst, wenn es zu einem Streit kommt.

Nimm dir für die Kennenlernphase viel Zeit. Bevor du deinen Hund endgültig nach Hause bringst, sprich mit deinem Züchter oder Tierheim und frage, ob du deine Haustiere an einem neutralen Ort wie dem Haus eines Freundes oder einem Park vorstellen kannst. Lass deine Haustiere aneinander schnuppern, aber zwinge sie nicht zur Interaktion. Wenn dieses Treffen gut verläuft, organisiere ein weiteres Treffen in deinem Zuhause und beobachte, wie deine Haustiere reagieren. Wenn sie gut miteinander auskommen, könnte es an der Zeit sein, deinen Goldendoodle endgültig nach Hause zu bringen!

Wenn die Dinge nicht so gut laufen, kannst du es weiter versuchen. Manche Hunde brauchen eine Weile, um sich an andere zu gewöhnen.

Foto von Diane Prewitt My Doodle Babies

Wenn jedoch deine Treffen katastrophal verlaufen sind und deine älteren Haustiere bekanntermaßen schlecht mit anderen Hunden auskommen, solltest du überlegen, ob es zu diesem Zeitpunkt eine gute Idee ist, einen neuen Hund in dein Zuhause zu bringen. Das Letzte, was du willst, ist, dass deine Hunde kämpfen oder verletzt werden.

Vorbereitung der Innenräume

Welpen sind dafür bekannt, dass sie alles, was in Reichweite ist, mit ihrem Maul und ihren scharfen kleinen Zähnen erkunden. Sie tun das nicht, um absichtlich frech zu sein, sondern weil sie zahnen und versuchen herauszufinden, wie ihr Biss funktioniert. Bis sie lernen, nicht an allem zu kauen, ist es am besten, alle deine Besitztümer außer Reichweite zu halten. Andernfalls kommst du eines Tages nach Hause und findest Zahnabdrücke auf all deinen Schuhen. Während einige deiner Besitztümer keine große Gefahr für deinen Hund darstellen, wenn sie angeknabbert werden, können kleine Gegenstände leicht verschluckt werden oder zum Ersticken führen. Außerdem kauen manche Hunde gerne an Elektrokabeln, die sie elektrisieren können, wenn sie zu tief hineinbeißen. Besonders wenn du planst, deinen Hund im Haus herumlaufen zu lassen, auch wenn er nur für ein paar Minuten unbeaufsichtigt ist, solltest du alles in Reichweite wegräumen.

In den ersten Monaten mit deinem Hund möchtest du vielleicht Grenzen in deinem Zuhause setzen. Es gibt verschiedene Möglichkeiten, dies zu tun, je nachdem, wie viel Freiheit du deinem Welpen geben möchtest. Um die Zerstörung zu minimieren, richten einige Besitzer ein Laufgitter auf einem harten Boden ein, um Unordnung einzugrenzen und das Herumwandern zu begrenzen. Wenn dein Hund noch ein kleiner Welpe ist, gibt ihm das ein wenig Raum, um seine Beine zu vertreten, während er trotzdem eingeschränkt bleibt. Wenn dein Welpe wächst, musst du ihm vielleicht etwas mehr Platz zum Herumlaufen geben, ohne ihm den vollen Zugang zu deinem Zuhause zu gewähren. Ein Treppengitter kann nützlich sein, um Bereiche deines Hauses abzugrenzen, damit dein Hund keine Unfälle hat, während du nicht da bist, um ihn zu beaufsichtigen. Oder du entscheidest dich vielleicht für das Boxentraining, damit dein Hund sicher untergebracht ist, wenn du weg bist.

Neben Vorsichtsmaßnahmen, um dein Zuhause vor Welpenzerstörung zu schützen, ist es schön, deinem Hund einen Raum zu geben, in dem er sich wohl und sicher fühlen kann. Dieser kleine Teil des Hauses kann deinem Hund gewidmet sein, damit er sich verstecken kann, wenn er sich überfordert fühlt, oder sich nach einem anstrengenden

Tag entspannen kann. Für manche Hunde erfüllt eine Box diesen Zweck. Für andere funktioniert ein Hundebett gut. Was auch immer du wählst, platziere es in einem Bereich, wo Menschen Zeit verbringen, damit sie sich nicht zu sehr von Familienaktivitäten ausgeschlossen fühlen, aber auch in einem Bereich, wo niemand über sie stolpern wird, während sie entspannen.

Vorbereitung der Außenbereiche

Obwohl Goldendoodles gerne viel Zeit draußen verbringen, sind sie Begleittiere, die Zeit im Haus bei ihren Menschen verbringen müssen. Während dein Hund also den Großteil seiner Zeit drinnen verbringen könnte, wird er trotzdem viel Zeit an der frischen Luft verbringen wollen. Ein Garten ist ideal für diese Rasse, da er diesen großen Hunden die Freiheit gibt, in einer geschützten Umgebung herumzulaufen und zu spielen. Zäune sind ein Muss, da sie sicherstellen, dass dein Hund sicher auf deinem Grundstück bleibt. Niedrige Maschendrahtzäune mögen in Ordnung sein, wenn dein Hund noch klein ist, aber wenn dein Goldendoodle ausgewachsen ist, brauchst du etwas Höheres, um deinen Vierbeiner einzugrenzen. Ein hoher, stabiler Zaun ist großartig für diese Rasse, da sie so aktiv ist.

Wenn du deinen Hund für Teile des Tages draußen lassen möchtest, wenn du nicht zu Hause bist, solltest du eine Art Unterstand für deinen Goldendoodle bereitstellen. Im Sommer solltest du für ausreichend Schatten und kühles Wasser für deinen Hund sorgen. Im Winter kann eine Hundehütte oder sogar eine Decke auf der Terrasse für deinen Hund bequem sein. Ein Außenschirm oder ein Dach kann Schutz vor Regen bieten. Wenn du deinen Hund für längere Zeit draußen hältst, vermeide es, ihn an eine Kette zu binden. In manchen Situationen mag es notwendig sein, aber für allgemeine Außenzeit ist es am besten, deinem Hund etwas Platz zum Herumstreifen zu geben. Auf diese Weise musst du dir keine Sorgen machen, dass dein Hund sich verheddert oder seinen Hals verletzt, wenn er zu stark zieht.

Versteckte Gefahren im Haushalt

Wenn du keine Kinder oder andere Haustiere in deinem Zuhause hast, bist du dir vielleicht all der gefährlichen Dinge in deinem Haus sowohl drinnen als auch draußen nicht bewusst. Während es nicht nötig ist, in Angst zu leben, dass dein Hund an etwas Gefährliches gerät, ist es gut, auf Dinge zu achten, an die dein Hund gelangen kann. Zunächst

Foto von
Meghan Wilson

solltest du alle Gegenstände entfernen, an denen dein Hund ersticken könnte oder die sich in seinem Verdauungstrakt festsetzen könnten. Ein hungriger Welpe kann Kleingeld, Waschlappen und sogar Hundespielzeug, das über die Maßen zerrissen ist, verschlucken.

Achte als Nächstes auf die Chemikalien, die du im Haus aufbewahrst. Während es wahrscheinlich kein großes Problem war, Lufterfrischer auf den Couchtisch und Reinigungsmittel auf den Waschraumboden zu stellen und den Toilettensitz hochgeklappt zu lassen, bevor du einen Hund hattest, ist es jetzt anders. Du wärst erstaunt, wie geschickt Hunde sein können, wenn sie versuchen, an verbotene Leckerbissen zu kommen. Du solltest anfangen, die Badezimmer- und Waschküchentüren zu schließen, um deinen Welpen fernzuhalten, und deine Lufterfrischer auf ein höheres Regal stellen. Auch Lebensmittel wie Süßigkeiten, die einst in Schalen auf der Theke standen, müssen in einen Schrank umziehen. Auch viele Rasen- und Pestizidprodukte können für Hunde tödlich sein, also räume auch schnell deinen Schuppen und deine Garage auf.

Schließlich solltest du deine Zimmerpflanzen und Gartengestaltung überprüfen. Es gibt viele Pflanzen, die einen Hund krank machen können, wenn er sie frisst. Häufige Gartenpflanzen wie Funkien, Efeu und Lilien können einen Hund krank machen. Recherchiere ein wenig über die Pflanzen in deinem Haus und Garten, um zu sehen, ob sie hundefreundlich sind. Das bedeutet nicht unbedingt, dass du deinen Garten umgraben musst, aber wenn dein Hund dazu neigt, an Pflanzen zu knabbern, behalte die im Auge, die er besonders lecker findet, und pflanze in Zukunft hundesichere Pflanzen.

Mit ein wenig Arbeit kann dein Zuhause ein komfortabler und einladender Ort für einen neuen Goldendoodle sein. Das Wichtigste, was du tun kannst, ist sicherzustellen, dass es keine Gefahren in deinem Zuhause gibt. Dazu gehören Kinder, Haustiere und alltägliche Haushaltsgegenstände. Außerdem ist es notwendig zu verhindern, dass dein neuer Hund all deine Besitztümer zerstört. Da Welpen ihren Kaudrang nicht kontrollieren können, ist es am besten, alle deine Besitztümer außer Reichweite zu halten, bis sie gelernt haben, an was sie kauen dürfen und an was nicht. Gib deinem Hund schließlich seine eigene kleine Ecke zur Entspannung. Hunde lieben es, ihre gemütlichen, kleinen Höhlen zu haben, also wähle einen weichen Platz für deinen Hund zum Entspannen. Wenn du diese Schritte abschließt, bevor dein Hund überhaupt nach Hause kommt, wirst du mehr Zeit zum Kuscheln und Spielen haben und weniger Zeit dafür, dich über all die großen Veränderungen zu stressen.

KAPITEL 4
Deinen Goldendoodle nach Hause bringen

„Akzeptiere das Murphy-Goldendoodle-Gesetz: Wenn ein Welpe Unfug anstellen, etwas anknabbern oder irgendwo hinpinkeln kann – wird er es auch tun."

Jennifer Tramell
Music City Goldendoodles

Sobald du den richtigen Züchter gefunden, einen Welpen ausgesucht und dein Zuhause vorbereitet hast, ist es endlich Zeit, deinen neuen Goldendoodle nach Hause zu bringen! Das ist eine sehr aufregende Zeit für deinen Haushalt, kann aber auch etwas stressig sein.

Neue Welpen brauchen viel Pflege und Aufmerksamkeit. Es gibt so viel zu tun, aber dieses Kapitel wird dich durch einige Aufgaben führen, die du vor der Ankunft deines Hundes und in den ersten Wochen erledigen solltest.

Die Vorbereitung auf deinen Goldendoodle

Wie in früheren Kapiteln erwähnt, macht eine gründliche Vorbereitung auf deinen neuen Goldendoodle den entscheidenden Unterschied zwischen einem glücklichen Einzug und einem stressigen Start ins neue Hundeleben. Es ist viel einfacher, dein Zuhause zu organisieren, ohne dass ein Energiebündel umherläuft. Wenn du dann deinen Welpen hast, kannst du mehr Zeit mit Spaß und Training verbringen, anstatt dir Sorgen zu machen, wo du Zubehör findest oder einen Tierarzt auftreiben kannst.

Der Goldendoodle ist ein sensibler Hund. Das macht ihn zu einem fantastischen Begleiter und Therapietier, weil er so fein auf die Emotionen der Menschen eingestimmt ist. Allerdings bedeutet das auch, dass er auf deine Gefühle reagieren kann. Wenn du zum Beispiel in einer angespannten Situation ruhig bleibst, wird er zu dir aufschauen und deinem Beispiel folgen. Wenn du gestresst und aufgedreht bist, kann auch er Anzeichen von Angst zeigen. Bereite dich also zum Wohle deines Zuhauses in den ersten Tagen ein wenig vor, damit du und dein Hund entspannt bleibt.

Die erste Nacht zu Hause

Nach einem langen Tag voller neuer Gerüche und Spielen mit neuen Freunden wird dein Goldendoodle wahrscheinlich ziemlich müde sein. Dennoch kann die erste Nacht für einen Welpen beängstigend sein. Dein Goldendoodle ist es gewohnt, neben seiner Mutter und seinen Geschwistern in einem vertrauten Haus zu schlafen. Dein Zuhause riecht anders als das, das er kennt, und er ist vielleicht noch nicht so sicher, was er von seinen neuen Menschen halten soll. Nachts ist es dunkel und ruhig, und dein Welpe wird sich zwangsläufig einsam fühlen. Kombiniere das mit einer winzigen Blase, die alle paar Stunden entleert werden muss, und du hast einen winselnden Welpen. Das ist völlig normal, und die Abendroutine deines Hundes wird mit der Zeit einfacher. Die erste Nacht (und die ersten Wochen) könnten jedoch etwas schwierig werden. Um deinen Hund zu trösten, empfiehlt Dede Hard von Red Cedar Farms, ein kleines Handtuch mitzubringen und es an den Wurfgeschwistern zu reiben, um

Foto von
Brianna Scott

einen vertrauten Geruch aufzunehmen. Lege das Handtuch dann nachts in die Box, damit dein Hund das Gefühl hat, wieder bei seinen Wurfgeschwistern zu sein.

Um die Angst deines Hundes zu verringern, stelle sicher, dass er erschöpft ist, wenn du ins Bett gehst. Gib ihm in den Stunden vor dem Schlafengehen viel Spiel und Bewegung. Hoffentlich ist er so müde, dass er sofort einschläft. Außerdem ist es wichtig, deinen Hund direkt vor dem Schlafengehen nach draußen zu bringen. So wird er nicht zwanzig Minuten später anfangen zu winseln, weil er raus muss.

Nicht alle Besitzer möchten ihrem Hund beibringen, in ihrem Bett zu schlafen. Während ein winziger Welpe nicht viel Platz einnimmt, tut ein ausgewachsener Goldendoodle das sehr wohl. Wenn du diese Gewohnheiten bei einem Welpen einführst, ist es schwer, deine Regeln zu ändern, wenn dein Hund groß ist. Wenn du deinen Hund nicht auf deinem Bett haben möchtest, halte deinen Welpen davon ab, auf das Bett zu springen. Außerdem sind Welpen dafür bekannt, Unfälle zu haben, und du willst nicht jeden Tag deine Bettwäsche wechseln müssen!

Stelle stattdessen das Bett oder die Box deines Hundes in die Nähe deines Zimmers. So kann er dich sehen und riechen, ohne in deinem persönlichen Raum sein zu müssen. Die Nähe ermöglicht es dir auch zu wissen, wann dein Hund aufwacht und nach draußen muss. Wenn sich dein Hund in deinem Zuhause wohler fühlt, kannst du das Bett oder die Box an einen passenderen Ort zurückstellen. Du möchtest nicht, dass dein Hund lernt, deinen Schlaf zu stören, also versuche, ihn so schnell wie möglich dazu zu bringen, alleine zu schlafen.

Einen Tierarzt auswählen

Wenn du noch keinen Tierarzt hast, ist jetzt der Zeitpunkt, einen zu finden. Ein guter Tierarzt ist deine Anlaufstelle für alles, was die Gesundheit und das Wohlbefinden deines Goldendoodles betrifft. Wenn du in einer Stadt lebst, in der es mehrere Tierarztpraxen gibt, musst du die richtige für dich auswählen. Das kann so einfach sein wie zur nächstgelegenen Praxis zu gehen, aber nicht alle Tierarztpraxen sind gleich. Du musst also möglicherweise einige Entscheidungen bezüglich der Versorgung deines Hundes treffen.

Eine Empfehlung eines Freunds oder Züchters kann nützlich sein. Da du Zeit mit der Person verbringen wirst, die für die Gesundheitsversorgung deines Hundes verantwortlich ist, solltest du jemanden wählen, den du magst und dem du vertraust. Es ist auch vorteilhaft, zu einem Tierarzt zu gehen, der mit Goldendoodles arbeitet, wie den Tierarzt dei-

Foto von
Alina Bina

nes Züchters, damit er die Gesundheitsbelange von Goldendoodles im Blick hat.

Tierarztpraxen können sich von Einrichtung zu Einrichtung unterscheiden. Einige sind nur einfache Praxen mit einem Tierarzt, der Probleme diagnostizieren und Medikamente verschreiben kann. Andere haben ein Labor, in dem Blut- und Stuhlproben analysiert werden können, um verschiedene Erkrankungen zu überprüfen. Größere Praxen haben Operationseinheiten oder Notdienste. Du musst also entscheiden, welche Art von Leistungen deine Tierarztpraxis haben soll. Wenn du einen Tierarzt ohne Notdienst wählst, ist es eine gute Idee, die Kontaktinformationen für einen Notfalltierarzt griffbereit zu haben. Man weiß nie, wann man mit seinem Hund zum Tierarzt eilen muss, und du willst nicht erst recherchieren müssen, wenn etwas passiert.

Bevor du deinen ersten Tierarztbesuch machst, tu deinem Tierarzt einen Gefallen und bereite deinen Hund auf die Untersuchung vor. Das kannst du tun, indem du deinen Hund daran gewöhnst, an der Schnauze, den Ohren und am Bauch berührt zu werden. Ein Welpe könnte verwirrt sein, warum ein Fremder ihn auf seltsame Weise berührt, aber wenn du mit ihm übst, wird er während einer Untersuchung eher stillhalten, als wenn es völlig fremd für ihn ist.

Dinge, die du bereithalten solltest

„Das Wichtigste, was du bereit haben solltest, ist eine Box. Diese wird nicht nur bei der Stubenreinheit helfen, sondern den Welpen auch sicher halten, wenn er nicht beaufsichtigt werden kann. Die Box bietet dem Welpen auch einen persönlichen Raum, um Zeit für sich zu haben."

Maureen Simpson
Arizona Goldendoodles

Bevor dein Goldendoodle nach Hause kommt, solltest du einige Dinge zur Hand haben, damit du deinen Hund nicht allein zu Hause lassen musst, um einkaufen zu gehen. Es mag so erscheinen, als würdest du auf einmal viel Geld ausgeben, aber einige dieser Dinge werden für das gesamte Leben deines Hundes halten.

Zuerst brauchst du ein stabiles Halsband und eine Leine. Ein flaches Halsband mit Schnalle eignet sich gut für den täglichen Gebrauch. Du solltest etwas wählen, das eng anliegt, aber für deinen Hund so bequem ist, um es jeden Tag zu tragen. An diesem Halsband solltest du ein Identifikationsschild an der vorderen Schlaufe anbringen, falls dein Hund verloren geht und identifiziert werden muss. Diese können im Zoofachhandel auf ein Schild deiner Wahl graviert werden. Du brauchst auch eine 1,20 oder 1,80 Meter lange Leine. Eine 1,20 Meter lange Leine könnte am Anfang für dich angenehmer sein, weil du deinem Hund beibringen möchtest, nah an deiner Seite zu laufen. Ausziehleinen sind beliebt, aber sie machen es schwer, deinen Hund zu kontrollieren. Eine starke Nylonleine, die der Kraft deines Hundes standhalten kann, ist perfekt. Ein Goldendoodle ist ein großer, starker Hund, und du brauchst ein Halsband und eine Leine, die etwas Ziehen aushalten können, wenn dein Hund plötzlich bei einem Spaziergang auf ein Eichhörnchen losstürmt.

Als Nächstes brauchst du Näpfe, Futter und Leckerlis. Eine gute Welpenfutterformel ist wichtig, um deinem Goldendoodle die Nährstoffe zu geben, die er braucht, um zu einem gesunden Erwachsenen heranzuwachsen. Dann wechselst du zu einer Erwachsenenformel, wenn dein Hund seine volle Größe erreicht. Spätere Kapitel werden Futter und Ernährung ausführlicher behandeln. Leckerlis sind wichtig, um sie jederzeit zur Hand zu haben. Wenn du deinem Hund etwas beibringen möchtest, brauchst du einige leckere Belohnungen.

Als Nächstes brauchst du Pflegeutensilien. Das Fell eines Goldendoodles muss regelmäßig gebürstet werden, um Verfilzungen zu vermeiden. Da sie nicht viel Fell verlieren und ein einfaches Fell haben, sollte eine einfache Stiftbürste ausreichen, um deinen Hund knotenfrei und glänzend zu halten. Es könnte auch eine gute Idee sein, eine Flasche Hundeshampoo zur Hand zu haben, falls dein Welpe in etwas Schmutziges oder Stinkendes gerät. Wenn du planst, die Krallen deines Hundes zu schneiden, wird ein guter Krallenknipser nützlich sein. Finde einen, der die Kralle schneidet, anstatt sie zu zerquetschen. Einige Krallenknipser kommen sogar mit einem Schutz, der verhindert, dass du zu viel von der Kralle abschneidest, wenn dein Hund zappelig wird. Eine Zahnbürste und Zahnpasta sind auch notwendig für die Mundgesundheit deines Hundes. Zoofachgeschäfte verkaufen Bürsten, die speziell für das Maul eines

Foto von
Kristina Snellen

Hundes konzipiert sind und mit Zahnpasten mit hundefreundlichen Geschmacksrichtungen wie Geflügel oder Erdnussbutter kommen.

Spielzeug und Kauartikel sind auch wichtig für Goldendoodles. Goldendoodles sind äußerst verspielt und aktiv. Eine Vielzahl von robusten Spielzeugen kann ihr Interesse stundenlang aufrechterhalten und verhindern, dass sie aus Langeweile unartig werden. Eine gute Auswahl an Spielzeug wird deinen besten Freund sehr glücklich machen und ihn beschäftigen. Wähle ein Spielzeug, mit dem es Spaß macht, es im Garten zu jagen, wie einen Ball oder eine Frisbee, etwas Interaktives wie ein Zugseil, etwas, das ihren Verstand fordert, wie ein Futterpuzzle, und etwas, das ihrem tierischen Instinkt nachgibt, wie ein quietschendes Spielzeug. Diese Grundlagen werden deinen Hund davor bewahren, jeden Tag der gleichen alten Spiele überdrüssig zu werden. Du kannst diese Spielzeuge sogar im Wechsel anbieten, damit ihre alten Spielzeuge sich für sie frisch und neu anfühlen.

Es ist auch notwendig, dass dein Hund etwas zum Kauen hat. Andernfalls wird er alles anbeißen, was dir gehört. Es ist natürlich für Hunde, besonders für Welpen, zu kauen. Es beruhigt sie und beschäftigt ihren Verstand. Zahnende Welpen müssen kauen, damit sich ihre neuen Zähne durch das Zahnfleisch arbeiten können. Wähle ein größenangemessenes Kauspielzeug, das nicht in kleine Stücke zerbrechen oder splittern kann, an denen man ersticken könnte. Zoofachgeschäfte verkaufen verschiedene Arten von echten und synthetischen Knochen und tierischen Materialien, um deinen Hund zu beschäftigen.

Schließlich brauchst du eine Box, ein Bett oder beides für die Entspannung und Sicherheit deines Hundes. Ein weiches Hundebett ist ein guter Platz für deinen Hund zum Entspannen, während er mit der Familie abhängt. Finde eines, das die richtige Größe für deinen Goldendoodle hat, und stelle sicher, dass es viel Polsterung hat. Boxen sind auch ausgezeichnete Schlafplätze. Wenn es darum geht, die richtige Größe zu wählen, wähle eine, die groß genug ist, damit sich dein Hund im Kreis drehen kann, aber nicht so groß, dass er umherwandern kann. Es sollte wie ein gemütlicher Bau sein, nicht wie ein kleiner Raum.

Wie viel wird das kosten?

Haustierzubehör kann sich sehr schnell summieren. Wenn du anfängst zu berechnen, wie viel dein Hund dich kosten wird, scheint es, als würde es dein Budget sprengen. Aus diesem Grund ist es wichtig, ein Budget für dein neues Haustier festzulegen. Abgesehen von medizinischen Komplikationen wird das erste Lebensjahr wahrscheinlich das teu-

Foto von
Kayla Edds

erste für dich sein. Du musst alle neuen Vorräte kaufen und häufige Besuche beim Tierarzt für Untersuchungen und Impfungen machen. Sobald du die Vorlieben deines Goldendoodles kennst, kannst du Futter und Leckerlis in größeren Mengen kaufen, und du wirst keine Zeit damit verschwenden, Spielzeug und Kauartikel zu kaufen, mit denen dein Hund nicht spielt.

Die Preise für Zubehör und Dienstleistungen variieren von Ort zu Ort, daher ist es schwierig, eine genaue Vorhersage für jeden Besitzer zu treffen. Außerdem macht es einen großen Unterschied im Budget, ob du ein superteures Hundefutter im Vergleich zu einer Billigmarke kaufst. Diese Schätzung, wie viel dein Goldendoodle im ersten Lebensjahr kosten wird, sollte als Leitfaden verwendet werden, um dir eine Vorstellung davon zu geben, wie viel du möglicherweise ausgeben musst. Natürlich machen Standort und Entscheidungen einen großen Unterschied bei den Kosten, aber hoffentlich wirst du anfangen zu verstehen, wie du für deinen Welpen budgetieren kannst.

Zunächst einmal wirst du für einen Goldendoodle von einem guten Züchter wahrscheinlich zwischen 600 und 1.600 Euro ausgeben. Wenn du dich für eine Adoption entscheidest, sind das etwa 100 bis 200 Euro, was Kastration/Sterilisation, Impfungen und Mikrochip einschließt. Wenn du deinen Hund kaufst, kostet eine Kastration/Sterilisation im Durchschnitt etwa 75 Euro. Wenn du einen Goldendoodle möchtest, aber nicht Tausende von Euro für den Hund ausgeben kannst, ist Adoption der richtige Weg.

Die jährlichen Tierarztkosten liegen bei etwa 200 bis 500 Euro für grundlegende Leistungen. Nicht alle Impfungen sind jährlich erforderlich, daher werden einige Besuche mehr kosten als andere. Du solltest

KAPITEL 4 Deinen Goldendoodle nach Hause bringen

auch mindestens hundert Euro für Herzwurm-Medikamente und Floh- und Zeckenschutz einplanen. Grundlegende tierärztliche Versorgung ist nicht verhandelbar, wenn es um das Wohlbefinden deines Hundes geht. Selbst ein völlig gesunder Hund braucht vorbeugende Pflege.

Als Nächstes musst du im Laufe eines Jahres viel Hundefutter kaufen. Der durchschnittliche Hund frisst etwa 400 Euro an Hundefutter pro Jahr. Je nachdem, welche Größe dein Goldendoodle hat, kommst du vielleicht mit weniger als dem Durchschnitt aus. Wenn du also einen Miniatur-Goldendoodle kaufst, sparst du etwas beim Hundefutter. Du brauchst auch viele Leckerlis für Trainingszwecke, was dich etwa hundert Euro pro Jahr kosten wird. Du musst nicht unbedingt teure Leckerlis kaufen, aber du brauchst etwas, das dein Hund genug mag, um Befehle dafür auszuführen.

Dann gibt es all das Zubehör, das du sofort kaufst. Leinen, Pflegeausrüstung und Näpfe summieren sich. Du brauchst auch einige lustige Spielzeuge und Kauartikel für deinen Hund. Insgesamt wirst du etwa zweihundert Euro ausgeben, wenn du deinen Hund nach Hause bringst. Hoffentlich sind einige davon einmalige Kosten. Du möchtest vielleicht sogar Artikel von höherer Qualität kaufen, damit du sie später nicht ersetzen musst.

Es ist schwer zu schätzen, wie viel dich dein Hund kosten wird, aber du könntest im ersten Jahr etwa tausend Euro ausgeben, ohne den Hund einzurechnen. Über das Leben eines Hundes hinweg gibt die durchschnittliche Person angeblich etwa 10.000 Euro für ihren Welpen aus. Das scheint jetzt viel Geld zu sein, aber sobald du deinen Hund in sein neues Zuhause eingewöhnt hast, würdest du all dein Geld ausgeben, um deinen Hund glücklich zu machen. Wenn du das Gefühl hast, dass du unmöglich die Mittel aufbringen kannst, um einen Hund großzuziehen, warte vielleicht eine Weile, bis deine Finanzen stabiler sind. Oder du kannst sogar für eine Weile einen Goldendoodle in Pflege nehmen. Letztendlich ist der Besitz eines Goldendoodles absolut die Kosten wert, auch wenn es überwältigend teuer erscheinen kann, wenn alles auf Papier gebracht wird.

Welpenkurse

In den ersten Monaten ist es gut, deinen Goldendoodle-Welpen in einen Welpenkurs einzuschreiben. Das ist nicht nur eine gute Möglichkeit, deinem kleinen Welpen die Grundlagen der Gehorsamkeit beizubringen, sondern auch großartig, um deinen Hund mit anderen Welpen und ihren Besitzern zu sozialisieren. Sie werden in diesen Kursen vielleicht nicht viel mehr als das Sitz- und Platz-Kommando lehren, aber sie werden deinem Hund beibringen, wie er auf dich reagieren und mit dir arbeiten kann.

Das könnte das erste Mal sein, dass dein Hund mit anderen interagiert. Sozialisierung ist in diesem Alter so wichtig. Gib deinem Hund viele Gelegenheiten, an den anderen Hunden zu schnüffeln und Streicheleinheiten von Menschen anzunehmen. Die Kurse sind in der Regel ziemlich klein, daher sollte es für deinen Welpen nicht zu überwältigend sein.

Außerdem sind Trainingskurse eine großartige Möglichkeit, mit Hundetrainern zu interagieren. Hundetrainer sind eine weitere Ressource, mit der du während des Lebens deines Hundes in Kontakt bleiben möchtest. Wann immer du mit einem Verhaltensproblem konfrontiert bist, kannst du zu deinem Trainer gehen, um Rat zu erhalten, weil er deinen Hund kennt und bereits mit ihm gearbeitet hat. Trainingskurse drehen sich weniger um das Training deines Hundes und vielleicht mehr um das Training des Besitzers. In diesen Kursen lernst du die Grundlagen des Hundetrainings, die dir die Fähigkeiten vermitteln, die du brauchst, um deinen Hund zu Hause zu trainieren.

Die ersten Wochen als Hundebesitzer können überwältigend sein mit all den Dingen, die man kaufen und tun muss, aber denke daran, dir Zeit zu nehmen, um die frühen Tage zu genießen. Es macht so viel Spaß, einen winzigen Welpen zu haben, also stress dich nicht so sehr, dass du vergisst, Spaß zu haben. Mit der Aufzucht eines Hundes sind viele Ausgaben verbunden, aber wenn du dich an dein Budget hältst, sollte es kein Problem sein. Nochmals, wenn du dich so gut wie möglich auf deinen neuen Hund vorbereitest, wirst du dich nicht gestresst fühlen wergen all der neuen, aufregenden Veränderungen.

KAPITEL 5
Welpeneltern sein

Einen Welpen zu haben macht so viel Spaß! Du wirst es genießen, deinen Welpen überall mithinzunehmen und allen zu zeigen, wie niedlich er ist. Du wirst auch unzählige Fotos machen und den ganzen Tag spielen. Obwohl ein Welpe großartig ist, bedeutet er auch viel Arbeit. Die ersten Monate werden voller Ausflüge nach draußen, Unfälle drinnen und zerkautem Eigentum sein. In dieser Zeit lernt dein Hund, wie man ein Haustier ist. Es erfordert jede Menge Arbeit und Geduld, aber irgendwann wird dein Goldendoodle lernen, ein Mitglied deiner Familie zu sein. Dieses Kapitel führt dich durch einige der Herausforderungen, denen du in der Welpenphase begegnen könntest, und wie du sie meisterst.

Foto von
April Power
Power Puppies LLC

Bei deinen Erwartungen bleiben

Wenn du noch nie einen Hund hattest, hast du vielleicht noch keine Regeln und Erwartungen für deinen Welpen festgelegt. Oder du hast eine gute Vorstellung davon, wie sich dein Hund in deinem Zuhause verhalten soll. Bei der Erziehung eines neuen Hundes ist es wichtig, bestimmte Verhaltenserwartungen zu setzen und bei ihnen zu bleiben. Andernfalls wird dein Hund verwirrt sein und nicht wissen, wie er sich verhalten soll.

Du könntest zum Beispiel entscheiden, dass dein Hund nicht auf den Möbeln in deinem Haus sitzen darf. Das ist völlig verständlich, da Hunde oft Schmutz auf Betten und Sofas tragen. Wenn du diese Regel festlegst, musst du dich daran halten und deinen Hund jedes Mal korrigieren, wenn er versucht, auf dein Bett zu springen. Wenn du deinen Hund bei dir schlafen lässt, wenn dein Partner nicht da ist, ihn aber ausschimpfst, wenn er tagsüber aufs Bett springt, wird dein Hund wahrscheinlich verwirrt sein. Hunde verstehen keine Bedingungen und werden nicht verstehen, warum sie an manchen Abenden aufs Bett dürfen und an anderen nicht.

Oder vielleicht hast du entschieden, dass du kein Bellen in deinem Zuhause duldest. Wenn das deine Regel ist, musst du deinen Hund jedes Mal korrigieren, wenn er bellt. Wenn du eines Tages keine Lust hast, deinen Hund zu korrigieren und dir einfach Ohrstöpsel in die Ohren steckst, lernt dein Hund möglicherweise, dass er mit dem Bellen davonkommen kann, was es in Zukunft schwieriger macht, es zu korrigieren.

Es ist völlig in Ordnung, wenn sich deine Erwartungen ändern, sobald du ein Gefühl dafür bekommst, wie das Leben mit deinem Hund verlaufen wird. Wenn du ursprünglich nicht wolltest, dass dein Hund auf deinem Sofa sitzt, aber später entscheidest, dass du abends mit deinem Hund kuscheln möchtest, ist das völlig in Ordnung, solange du deine Meinung nicht wieder änderst und deinen Welpen verwirrst.

Dein gesamter Haushalt sollte diese Regeln befolgen, sonst wird das Training nicht so effektiv sein. Wenn du einmal entschieden hast, dass dein Hund nicht am Tisch um Essensreste betteln soll, werden deine Bemühungen untergraben, wenn ein Familienmitglied deinem Hund heimlich Reste zusteckt. Sprich mit deiner Familie oder deinen Mitbewohnern darüber, welche Verhaltensweisen bei deinem Hund erwünscht sind und welche nicht.

Wie man Boxentraining durchführt

Das Boxentraining ist ein ausgezeichnetes Werkzeug in deinem Repertoire. Eine Box sollte nicht als Hundezelle betrachtet werden, sondern als gemütliche Ecke, in der sich dein Hund aufhalten kann. Eine Box ist ein guter Schlafplatz und auch ein Versteck, wenn es etwas zu hektisch wird. Für einen neuen Welpen ist eine Box ein guter Ort, um sich für kurze Zeit aufzuhalten, wenn niemand da ist, um aufzupassen. Da der Hund eingeschlossen ist, kann er nicht das ganze Haus verwüsten.

*Foto von
Kaylea Garmon*

Die Box sollte jedoch niemals als Strafe verwendet werden. Ein Hund wird eine Abneigung gegen die Box entwickeln, wenn er sich ängstlich oder verärgert fühlt, während er in den kleinen Raum gezwungen wird. Das würde auch den Zweck der Box als sicheren Ort für deinen Hund, an dem er sich beruhigen kann, wenn er überfordert ist, zunichtemachen. Außerdem sollte die Box nicht für lange Zeiträume verwendet werden. Goldendoodles brauchen etwas Platz zum Herumlaufen und sollten nicht den ganzen Arbeitstag in einer Box gehalten werden. Wenn du sie zu lange allein lässt, werden sie die Box mit negativen Gefühlen verbinden.

Dein Welpe wird vielleicht nicht von selbst in die Box kriechen wollen, also musst du ihn langsam an seine neue kleine Höhle gewöhnen. Zwinge deinen Hund nicht hinein, sondern lass ihn mit ein wenig Hilfe hineinwandern. Lege ein Leckerli hinein und lass ihn in seinem eigenen Tempo hineingehen. Irgendwann wird er neugierig und holt sich das Leckerli. Lobe deinen Hund, wenn er nach dem Leckerli greift.

Mit der Zeit kannst du die Anforderungen erhöhen. Nimm ein Leckerli und lege es weiter hinten in die Box, sodass er ganz hineingehen muss, um die Belohnung zu bekommen. Nach ein paar Malen schließe die Vordertür für eine Sekunde und gib ihm einen Leckerbissen, wenn er ruhig bleibt. Dann lasse die Box etwas länger geschlossen. Du kannst sogar Futter- und Wassernäpfe hineinstellen, damit dein Hund zum Fressen und Trinken hineingehen muss. Das Ziel ist, dass dein Hund sich wohlfühlt, wenn er für eine lange Autofahrt oder eine Nacht in der Box ist.

Kauen

„Räume alles weg, was der neue Welpe nicht kauen soll. Alle Welpen zahnen und haben das Bedürfnis zu kauen. Gib ihnen Spielzeug, das für einen zahnenden Welpen gedacht ist."

Kristine Probst
Island Grove Pet Kennels

Wenn dies dein erster Welpe ist, wirst du bald lernen, dass sie gerne alles mit ihren Zähnen erkunden. Hunde kauen, weil es sie beruhigt und unterhält, außerdem ist es gut für ihre Zähne. Welpen kauen noch mehr, weil sie versuchen, ihre bleibenden Zähne durch ihr Zahnfleisch zu bekommen, und das kann unangenehm sein. Das Kauen hilft beim

Zahnen, und deinem Hund ist egal, woran er nagt, um den Prozess zu unterstützen.

Um zu verhindern, dass deine Sachen zerstört werden, musst du deinem Haustier akzeptable Kauartikel zur Verfügung stellen. Es ist unfair, deinen Hund dafür zu tadeln, dass er an deinen Möbeln kaut, aber keine geeignete Alternative anzubieten. Dein Hund könnte anfangs Schwierigkeiten haben, zwischen geeigneten und verbotenen Kauobjekten zu unterscheiden, aber mit deiner Anleitung wird er lernen, den Unterschied zu erkennen.

Versorge deinen Welpen mit einer Vielzahl an Spielzeugen, an denen er gerne nagen kann. Ein robuster Knochen, natürlich oder aus Nylon, ist ein guter Anfang. Rohhautknochen und Geweihe machen Hunden auch Spaß. Wenn dein Hund jedoch einen ganzen Rohhautknochen auf einmal verschlingt, solltest du etwas Robusteres finden, sonst könnte dein Hund Magenbeschwerden bekommen. Achte auf Knochen, die leicht splittern, da die scharfen Stücke den Verdauungstrakt deines Hundes verletzen können, wenn sie verschluckt werden. Wenn dein Hund mehr an deinen Schuhen interessiert zu sein scheint als an einem Hundeknochen, versuche es mit einem gefüllten oder aromatisierten. Dein Hund braucht vielleicht einen zusätzlichen Anreiz zum Kauen.

Wenn dein Hund nicht auf eine geeignete Alternative zu deinen Besitztümern umgeleitet werden kann, musst du Abneigungen gegen seine Lieblingsobjekte zum Knabbern schaffen. In Zoofachgeschäften gibt es Sprays, die ungiftig sind, aber für Hunde schlecht schmecken. Du kannst die Absätze deiner Schuhe oder Tischbeine besprühen, um deinen Hund vom Kauen abzuhalten. Du kannst auch in die Hände klatschen, wenn dein Hund dabei ist, und ihn in einen Bereich des Hauses mit Kauartikeln bringen. Wenn er einen Knochen aufnimmt, gib ihm eine Belohnung und etwas Lob.

Knurren und Bellen

Welpen lieben die Interaktion mit Menschen, und manchmal ist diese Interaktion stimmlich. Es ist nicht vernünftig zu erwarten, dass Goldendoodles die ganze Zeit still bleiben, aber es ist in Ordnung, ab und zu etwas Ruhe und Frieden zu wollen. Bellen tritt normalerweise auf, weil dein Hund durch etwas stimuliert wird oder deine Aufmerksamkeit möchte. Leider kannst du ihnen nicht immer geben, was sie wollen. Wenn du ihnen jedes Mal Kuscheln gibst, wenn sie nach Aufmerksamkeit bellen, wirst du dieses Verhalten nur verstärken. Daher ist es wichtig, deinen Hund zu loben und zu belohnen, wenn er ruhig und gelassen ist.

Foto von
Bev Eckert
Hilltop Pups

Knurren unterscheidet sich vom Bellen. Knurren bedeutet, dass dein Hund verärgert ist und etwas Raum braucht, um sich zu beruhigen. Dies mag beim freundlichen Goldendoodle selten vorkommen, aber es ist etwas, worauf du achten solltest, besonders wenn dein Hund in der Nähe von kleinen Kindern oder anderen Haustieren ist. Wenn dein Hund knurrt, führe ihn in einen ruhigen Bereich oder lass alle zurücktreten, damit sich dein Hund beruhigen kann.

Beißen

Da Welpen lernen, wie sie ihren Mund benutzen, neigen sie dazu, alles zu beißen, auch Menschen. Wenn dein Hund dich beißt, ist es nicht, weil er versucht, dir zu schaden. Stattdessen versucht er nur, dich zu verstehen. Wenn Hunde spielen, beißen sie oft ihre Spielkameraden. Auch dies ist keine böswillige Handlung, sondern ein spielerischer Akt. Allerdings wissen Welpen nicht, wie fest sie zubeißen können, bevor sie Schmerzen verursachen. Andere Hunde bringen ihnen das bei, indem sie jaulen, wenn der Welpe ihnen Schmerzen zugefügt hat. Der Welpe nimmt dieses Feedback auf und wird beim nächsten Spielen etwas sanfter zubeißen.

Aber da du nicht willst, dass dein Goldendoodle jemanden beißt, musst du ihm beibringen, dass er dich überhaupt nicht beißen darf. Anstatt deinen Hund zu tadeln, wenn er an deinen Fingern knabbert, lass einen hohen Jaulton hören und beobachte, wie dein Hund sofort loslässt. Er wird wissen, dass er etwas falsch gemacht hat. Wenn du jedes Mal jaulst, wenn dein Hund seinen Mund auf dich legt, egal wie sanft, wird er schließlich ganz damit aufhören. Dein Goldendoodle wird denken, du seist der empfindlichste Hund aller Zeiten, und wird etwas sanfter mit dir umgehen als mit seinen Hundefreunden.

Trennungsangst

Goldendoodles sind Begleittiere und sie lieben es, jederzeit bei ihren Menschen zu sein. Es ist normal, dass dein Hund ein wenig enttäuscht ist, wenn du nicht da bist, und begeistert, wenn du zu Hause bist. Trennungsangst ist jedoch ein Zustand, bei dem dein Hund das Alleinsein nicht ertragen kann und darunter stark leidet. Dieser Stress kann dazu führen, dass dein Hund zerstörerisch wird.

Übermäßiger Stress ist nicht gut für den Körper deines Hundes und auch nicht gut für deinen Haushalt, wenn dein Hund Unfälle hat oder

Foto von
Gabrielle Pawelko

dein Sofa zerfetzt. Wenn die Angst zu groß ist, muss dein Tierarzt möglicherweise Medikamente verschreiben. Tierärzte mögen es jedoch im Allgemeinen nicht, Hunden über längere Zeiträume Medikamente zu verabreichen, es sei denn, es gibt keine andere Option. Glücklicherweise gibt es einige Dinge, die du versuchen kannst, um die Angst deines Hundes zu lindern.

Erstens, hör auf, beim Betreten und Verlassen des Hauses ein großes Theater zu machen. Alle Besitzer mögen es, wenn ihr Hund überglücklich ist, sie am Ende des Tages zu sehen, daher ist es natürlich, dieser Handlung zusätzliche Betonung zu verleihen, um die gewünschte Reaktion zu erhalten. Und manchmal ist es schwer, deinen besten Freund ohne viele Streicheleinheiten und Babysprache zu verlassen. Die Aufmerksamkeit auf deine Abwesenheit zu lenken, lässt deinen Hund jedoch fühlen, dass er darauf achten muss. Verlasse stattdessen dein Haus, ohne ein Wort zu sagen, und kehre leise zurück und gib deinem Hund einen einfachen Klaps auf den Kopf, wenn er dich begrüßt. Übe das Kommen und Gehen, damit sich dein Hund daran gewöhnt, für kurze Zeit allein gelassen zu werden.

Gib deinem Hund außerdem so viel Bewegung wie möglich. Müde Hunde sind gute Hunde, weil sie nicht voller Energie sind. Wenn dein Hund zu viel Energie hat und einen Grund zum Ausrasten, wird er Aktivitäten erfinden, um diese ängstliche Energie abzubauen. Wenn du deinen Hund vor dem Weggehen spazieren führst, wird er vielleicht einfach ein Nickerchen machen, während du weg bist. Eine weitere Möglichkeit, geistige Energie zu verbrennen, ist, deinem Hund ein Puzzlespielzeug zu geben, um ihn über die Zeit zu beschäftigen. Diese Puzzles können mit Lekkerbissen gefüllt werden, damit sie interessant bleiben. Vielleicht kannst du, anstatt das Frühstück deines Hundes in eine Schüssel zu geben, es in einen Puzzleball legen und ihn für jedes Stück Trockenfutter arbeiten lassen. Ein futtergetriebener Hund kann sich mit diesen Spielzeugen so lange beschäftigen, wie das Futter vorhanden ist.

Wenn du dieses Problem nicht selbst lösen kannst, sprich mit einem Tierarzt oder einem Trainer über Ideen. Sie könnten ein Problem bemerken, an das du nie gedacht hast. Oder sie können dir Trainingstechniken beibringen, die helfen können, die Angst deines Welpen zu lindern. Natürlich solltest du üben, in der Nähe deines Hundes ruhig zu bleiben. Sensible Hunde wie der Goldendoodle schauen zu ihrem Besitzer für nonverbale Hinweise, wie sie sich verhalten sollen. Wenn du deinem Hund zeigst, dass es nichts zu befürchten gibt, wird er sich eher beruhigen.

Foto von
LeeAnn Gott

Deinen Welpen allein zu Hause lassen

Seien wir ehrlich – es ist schwer, einen Welpen und einen Vollzeitjob, der dich stundenlang vom Haus fernhält, zu haben. Während erwachsene Hunde ein paar Stunden ohne Toilettengang auskommen können, kann ein kleiner Welpe bestenfalls eine Stunde aushalten. Dein Welpe wird Unfälle haben, während du zu Hause bist, also kannst du dir nur vorstellen, welches Chaos ein Welpe anrichten kann, wenn er stundenlang allein zu Hause ist. Bevor du deinen Hund nach Hause bringst, solltest du einen Plan ausarbeiten, wie du dich um deinen Hund kümmern wirst, bis du ihm vertrauen kannst, allein zu Hause zu sein.

Boxen sind für ein paar Stunden effektiv, aber dein Hund könnte beunruhigt sein, wenn er zu lange eingesperrt ist. Wenn du deinen Hund in eine Box sperrst, während du zu Hause bist, stelle sicher, dass du in der Mittagspause nach Hause kommen und deinem Welpen viel Bewegung geben kannst. Das Gleiche gilt für jede Art von Laufstall, den du verwenden könntest.

Wie du im nächsten Kapitel erfahren wirst, wird die Stubenreinheit wirklich deinen regulären Zeitplan durcheinanderbringen. Bleibe flexibel und nutze deine Ressourcen. Du wirst vielleicht etwas mehr Geld für deinen Hund ausgeben, um sicherzustellen, dass er rausgeht, wenn er muss, aber es lohnt sich, wenn dein Hund glücklich und unterhalten ist.

Welpen machen so viel Spaß, besonders flauschige kleine Goldendoodle-Welpen. Sie sind jedoch eine Menge Arbeit und werden deine Geduld auf jede Probe stellen. Bleibe ruhig, denn dein Welpe schaut zu dir, um zu wissen, wie er sich in deinem Zuhause verhalten soll. Es ist wichtig, deinem Hund in diesem ersten Jahr viel Bewegung und Aufmerksamkeit zu geben, damit er nicht dein Zuhause zerstört und dich verrückt macht. Genieße den hektischen Spaß, solange er anhält, denn dein Goldendoodle wird bald ein großer Hund sein, den du nicht mehr vom Boden aufheben und kuscheln kannst. Natürlich wird dein erwachsener Goldendoodle genauso verschmust sein wie sein Welpen-Ich, nur viel größer!

KAPITEL 6
Stubenreinheit

„Sie brauchen viel länger für die Stubenreinheit, als du erwarten wür-
dest. Es wird klappen, verliere nicht die Geduld und halte deine Erwartun-
gen niedrig."

Cherrie Mahon
River Valley Doodles

Die Stubenreinheit ist vielleicht der schwierigste Teil der Welpenaufzucht. Kleine Hunde haben kleine Blasen und müssen daher
häufig nach draußen. Als Faustregel gilt: Hunde können so viele Stunden
einhalten, wie sie Monate alt sind. Ein drei Monate alter Welpe kann also
drei Stunden zwischen den Toilettengängen aushalten, bevor es wirklich dringend wird. Allerdings kann eine Mahlzeit oder ein Getränk den

Zeitplan durcheinanderbringen, daher solltest du deinen Hund mindestens jede Stunde nach draußen bringen, bis du die Routine deines Hundes kennst.

Verschiedene Möglichkeiten für das Toilettentraining

Obwohl es üblich ist, deinen Hund zu einem schönen, grasigen Fleck zu bringen, um sein Geschäft zu erledigen, gibt es Alternativen, die dir das Leben erleichtern können. Besonders wenn du in einer Wohnung oder einem Haus ohne Garten lebst, brauchst du vielleicht etwas Hilfe. Manche Besitzer legen ein Gehege oder eine Box mit Zeitungspapier aus, um Verschmutzungen zu vermeiden, weil es wegwerfbar ist. Allerdings ist Zeitungspapier nicht sehr saugfähig, und dein Hund schafft es möglicherweise nicht rechtzeitig zur Zeitung, bevor er einen Unfall hat.

Wenn du weißt, dass dein Hund Unfälle in der Wohnung haben wird und du damit einverstanden bist, solltest du vielleicht eine Art Einweg-Toilettenmatte für deinen Hund kaufen. Welpenpads sind beliebt, weil sie saugfähig und wegwerfbar sind und Enzyme enthalten, die deinen Hund dazu bringen, auf dem Pad und nicht auf dem blanken Boden sein Geschäft zu verrichten. So kannst du kontrollieren, wo dein Hund in der Wohnung auf die Toilette geht. Es wird trotzdem noch riechen, aber solange du es schnell wegputzt, wird es kein großes Problem sein. Der Nachteil dieser Pads ist, dass sie viel Abfall erzeugen, teuer sind und deinen Hund dazu ermutigen, das Haus als Toilette zu benutzen. Es gibt auch Produkte, die wie Kunstgras aussehen und dem gleichen Zweck dienen, aber zum Abspülen und Wiederverwenden gedacht sind. Dieses Produkt kommt der Toilette im Freien näher, ist aber mühsam zu reinigen. Diese Toilettenprodukte können im Notfall hilfreich sein, sind aber keine guten langfristigen Lösungen.

Die ersten Wochen

Bereite dich darauf vor, in diesen ersten Wochen des Lebens deines Welpen in deinem Zuhause häufig nach draußen zu gehen. Bereite dich sogar darauf vor, öfter rauszugehen, als dein Hund tatsächlich muss. Auch wenn dein Hund draußen nicht sein Geschäft verrichtet, verringerst du das Risiko eines späteren Unfalls. Es mag sich übertrieben anfühlen, aber du hilfst deinem Hund zu lernen, dass er dein Zuhause nicht als Toilette benutzen darf.

Versuche, jedes Mal an dieselbe Stelle draußen zu gehen. Hunde nutzen den Geruch ihres Kots und Urins, um einen Platz zum Hocken oder Beinchen heben zu finden. Wenn sie diese Duftmarker finden, signalisiert ihnen das, an dieser Stelle ihr Geschäft zu verrichten – das macht Welpenpads so effektiv. Eine feste Toilettenecke im Garten macht es ihnen nicht nur leichter, ihr Geschäft zu erledigen, es ist auch für dich viel einfacher, hinterher aufzuräumen. Außerdem ist die Wahrscheinlichkeit geringer, dass du später versehentlich in ihre Hinterlassenschaften trittst, wenn dein Hund eine bestimmte Toilettenecke hat.

Achte darauf, kurz nach den Mahlzeiten nach draußen zu gehen. Es ist sehr wahrscheinlich, dass dein Hund etwa dreißig Minuten nach dem Fressen muss. Du solltest auch morgens als Erstes und abends vor dem Schlafengehen rausgehen. Natürlich wirst du wahrscheinlich auch mitten in der Nacht rausgehen müssen oder morgens Unfälle beseitigen müssen.

Bei der Reinigung von Unfällen musst du gründlich sein, sonst wird dein Hund den Geruch finden und diese Stelle wieder benutzen. Du kannst den Geruch vielleicht nicht wahrnehmen, aber dein Hund kann es. In Zoofachgeschäften gibt es enzymatische Reinigungsmittel, die diese Duftmarker entfernen, die den Drang zum Lösen auslösen.

Irgendwann wird aus deinem kleinen Welpen ein großer Hund, der stundenlang einhalten kann. Bis dahin solltest du sicherstellen, dass du deinem Hund genügend Gelegenheiten gibst, nach draußen zu gehen, anstatt Unfälle in deinem Haus zu haben.

Positives Verhalten belohnen

Hunde lernen neue Dinge, indem sie positive Verstärkung erhalten, wenn sie etwas richtig machen. In Bezug auf die Stubenreinheit musst du ihnen jedes Mal eine Belohnung geben, wenn sie draußen ihr Geschäft erledigen. Das kann in Form von Lob, einem Leckerli oder beidem sein. Bei der Verstärkung eines Verhaltens sollte dein Hund von der Belohnung begeistert sein. Wenn dein Hund also draußen sein Geschäft erledigt, sorge dafür, dass er sich geliebt und erfreut fühlt, damit er einen Anreiz hat, wieder nach draußen zu gehen.

Bestrafe einen Hund niemals für einen Unfall im Haus. Hunde lernen durch negative Verstärkung nicht besonders gut, und das wird mehr schaden als nutzen. Wenn du deinen Hund wegen eines Unfalls schimpfst oder schlägst, wird er nur Angst vor dir bekommen. Außerdem kannst du bei der Erziehung deines Hundes, draußen auf die Toilet-

Foto von
Pam McCoy

te zu gehen, einen Unfall nicht korrigieren, wenn du ihn nicht beobachtest und sofort eingreifst.

Viele Menschen denken zum Beispiel, dass sie ihrem Hund beibringen, keine Unfälle im Haus zu haben, wenn sie seine Nase in seine Exkremente reiben und ihn anschreien. Stattdessen erschrecken und verwirren sie ihren Hund. Hunde haben kein Gedächtnis, das es ihnen ermöglicht, ein vergangenes Ereignis, wie das Koten auf den Boden, mit der Handlung eines wütenden Besitzers zu verbinden, der sie daran riechen lässt. Sie werden völlig verwirrt und verärgert sein, dass du ohne Grund wütend auf sie bist. Wenn dieses Besitzerverhalten anhält, wird der Hund möglicherweise versuchen, dem Ärger aus dem Weg zu gehen, indem er an Stellen kotet, wo der Besitzer es nicht sofort findet, um nicht in Schwierigkeiten zu geraten. Er könnte auch zögern, draußen sein Geschäft zu erledigen, weil er denkt, dass du wütend auf ihn werden könntest. Wenn du deinen Hund auf frischer Tat bei einem Unfall ertappst, versuche, ihn so schnell wie möglich nach draußen zu bringen und lobe ihn für die erledigte Aufgabe. Wenn er es nicht schafft, schenke dem Durcheinander keine Aufmerksamkeit.

Es kann frustrierend sein, wenn du deinen Hund stubenrein erziehst und er nur langsam versteht, was du von ihm willst. Es ist jedoch wichtig, dass du positiv bleibst und weiterhin nach Lernmomenten suchst. Denk daran: Wenn dein Hund einen Unfall im Haus hat, räume ihn einfach auf und mach weiter. Das eigentliche Lernen findet draußen statt, wenn dein Hund genau das tut, was du von ihm erwartest. Gib viele Leckerlis und Lob und bleibe positiv.

Boxentraining, Laufställe und Hundeklappen

„Boxen sollten klein sein oder eine Trennwand zum Schlafen haben. Sie sollten zunächst nicht größer sein, als dass der Welpe aufstehen und sich umdrehen kann. Die meisten Welpen werden nicht in ihrem Schlafbereich ihr Geschäft verrichten. Aber sie könnten in der Ecke, abseits vom Schlafbereich, ihr Geschäft erledigen, wenn die Box zu groß ist."

Tamara Spridgeon
Daizy Doodles

Deinen Hund in einem geschlossenen Raum zu halten, kann dir bei der Stubenreinheit helfen. Hunde mögen Höhlen und halten sie gerne sauber. Das bedeutet, dass dein Hund weniger wahrscheinlich seinen Wohnbereich verschmutzt, wenn dieser gemütlich statt geräumig ist. Ein Hund, der in einer Box schläft, wird dich eher mit einem Winseln benachrichtigen, wenn er raus muss, anstatt dir später eine Sauerei zu hinterlassen. Eine Box oder ein Laufstall kann auch Verschmutzungen auf einen Bereich beschränken, den du leicht reinigen kannst.

Wenn du einen eingezäunten Garten hast, könnte eine Hundeklappe eine Option für die Stubenreinheit sein, wenn du nicht genug zu Hause bist, um Unfälle zu vermeiden. Diese kleine Klappe in deiner Hintertür ermöglicht es deinem Hund, nach Belieben ein- und auszugehen, sodass er nach draußen gehen kann, wenn die Natur ruft. Es gibt einige Nachteile, wenn du deinem Hund erlaubst, nach seinen persönlichen Launen zu handeln. Zum einen kann dein Hund alles aus dem Haus mit in den Garten nehmen. Außerdem können Dinge (und Lebewesen) von draußen hereinkommen. Während eine Hundeklappe eine Option für die Stubenreinheit ist, solltest du dir der negativen Aspekte bewusst sein, wenn du deinem Hund den Zugang nach draußen eröffnest.

Zusätzliche Hilfe in Anspruch nehmen

Wenn du nicht von zu Hause aus arbeitest, ist es schwer, einem Welpen in der Phase der Stubenreinheit die nötige Aufmerksamkeit zu schenken. Aus diesem Grund sperren viele Hundebesitzer ihren Hund für zu viele Stunden in kleine Räume ein oder lassen ihren Hund drinnen sein Geschäft verrichten, was dem Stubenreinheitstraining abträglich ist. Es gibt so viele Ressourcen für Hundebesitzer, die ihnen das Leben viel leichter machen können.

Foto von Cassie Weaver

Eine Hundetagesstätte ist ein Ort, an den du deinen Hund schicken kannst, damit er mit anderen Hunden interagiert und die nötige Aufsicht erhält. Diese Einrichtungen haben geschultes Personal, das hinter deinem Welpen aufräumt, während dein Goldendoodle neue Freunde findet. Als zusätzlicher Vorteil bekommt dein Welpe viel Bewegung und Interaktion mit anderen, was ihn erschöpft sein lässt, wenn du ihn abholst.

Gassigeher können dir auch beim Stubenreinheitstraining helfen, indem sie zu der Zeit zu dir nach Hause kommen, wenn dein Hund raus muss. Wenn du zum Beispiel nicht nach Hause kommen kannst, um deinen Hund am Vormittag rauszulassen, engagiere einen Gassigeher, der zu dir nach Hause kommt und deinen Hund zu einem kurzen Spaziergang mitnimmt. So bekommt dein Hund etwas mehr Übung darin, nach draußen zu gehen, und kann seine Beine vertreten. Heutzutage ist es so einfach wie die Nutzung einer Handy-App, einen Gassigeher zu engagieren. Einige Apps teilen dir mit, wann dein Gassigeher bei dir zu Hause ankommt und wann er geht, zusammen mit allen wichtigen Informationen über den Spaziergang.

Bevor du dich versiehst, wird dein Goldendoodle stubenrein sein, und du musst dir nie wieder Sorgen über Unfälle in deinem Zuhause machen. Bis dahin denke daran, positiv zu bleiben und deinem Hund viele Belohnungen für eine gut erledigte Aufgabe zu geben. Bestrafe deinen Hund niemals für einen Unfall. Wenn dein Hund einen Unfall hat, putze ihn gut auf und versuche, ihn beim nächsten Mal etwas genauer zu beobachten, damit du die Warnsignale deines Hundes erkennen kannst, wenn er nach draußen muss. Goldendoodles sind schnelle Lerner, aber sie brauchen dich, um sie in die richtige Richtung zu lenken. Es erfordert viel Arbeit und Aufmerksamkeit, einen Hund stubenrein zu erziehen, aber es ist ein so wichtiger Teil der Welpenaufzucht.

KAPITEL 7
Sozialisierung mit Menschen und Tieren

S obald dein Goldendoodle bei dir eingezogen ist, bist du vielleicht so verliebt in deinen neuen Freund, dass du nie wieder das Haus verlassen möchtest. Irgendwann wirst du deinen Hund aber in die Welt hinausführen wollen. Dort wirst du fremden Menschen und anderen Hunden begegnen. Wenn du möchtest, dass dein Hund positiv auf neue Menschen reagiert, ist eine gute Sozialisierung unerlässlich.

Die Bedeutung guter Sozialisierungsfähigkeiten

„Achte anfangs auf positive Begegnungen, indem du deinen Welpen mit Tieren zusammenbringst, von denen du weißt, dass sie freundlich sind. Je älter dein Welpe wird, desto mehr andere Tiere sollte er kennenlernen dürfen. Bald wird die Begegnung mit anderen Tieren für ihn zur Selbstverständlichkeit."

Darren Smith
DoodlePups

Stell dir vor, du bist im Hundepark, um etwas von der Energie deines Hundes abzubauen. Dein Goldendoodle ist zu Hause nicht zur Ruhe gekommen, und du brauchst ein paar Stunden Ruhe, um Hausarbeiten zu erledigen. Aber im Park kauert dein Hund in der Ecke, weigert sich, mit anderen Hunden oder Menschen zu interagieren, und läuft schließlich zum Tor, um nach Hause zu gehen. Da er im Park keine Energie verbraucht hat, fordert er zu Hause deine Aufmerksamkeit, und du bekommst nichts erledigt. Diese frustrierende Situation hätte durch mehr Sozialisierung im jungen Alter verhindert werden können.

Wenn dein Hund nie mit anderen interagiert, wird er nicht lernen, wie das geht. Genau wie Menschen müssen Hunde den sozialen Umgang üben. Andernfalls werden sie sich in sozialen Situationen unangemessen verhalten und unwohl fühlen. Diese Erziehung zum sozialen Miteinander sollte früh im Leben eines Hundes stattfinden, zwischen vier und acht Monaten. Wenn du einen erwachsenen Hund mit sozialen Problemen adoptiert hast, ist es immer noch möglich, ihn zu sozialisieren.

Es wird jedoch schwieriger sein, da dein erwachsener Hund dieses entscheidende Zeitfenster bereits hinter sich hat.

Sobald du deinen Hund hast, möchtest du ihn überallhin mitnehmen. Wenn er jedoch nicht mit anderen auskommt, gefährdest du sowohl deinen Hund als auch andere Menschen. Ein schlecht sozialisierter Hund kann so gestresst werden, dass er weitere Abneigungen gegen andere entwickelt und aus Angst unangemessen reagiert. Gute Sozialisierung und gute Zucht sollten zu einem ruhigen, glücklichen Goldendoodle führen, der einfach nur mit jedem befreundet sein möchte.

Verhalten gegenüber anderen Hunden

„Warte, bis der Welpe ALLE seine Impfungen bekommen hat, bevor er andere Hunde trifft. Auch wenn die anderen Hunde alle ihre Impfungen haben, können sie trotzdem Krankheiten auf deinen Welpen übertragen."

Maureen Simpson
Arizona Goldendoodles

Goldendoodles sind in der Regel freundlich zu anderen Hunden. Wenn dein Hund jedoch einige schlechte Erfahrungen mit anderen Hun-

den gemacht hat, kann das dazu führen, dass er nervös im Umgang mit Artgenossen wird. Idealerweise sollte dein Hund mit anderen spielen können, ohne zu aggressiv oder zu passiv zu werden. Du möchtest nicht, dass dein Hund andere Hunde angreift oder beim Anblick eines anderen Vierbeiners ängstlich zusammenzuckt.

Um deinem Hund beizubringen, wie er mit anderen Hunden auskommt, solltest du langsam beginnen und ihn nicht zur Sozialisierung drängen. Besuche jemanden mit einem freundlichen Hund für ein Spieletreffen. Eure Hunde können unter Aufsicht und mit begrenzten Stressfaktoren spielen. Wenn dein Hund mit dieser Interaktion gut zurechtkommt, versuche es mit einer größeren Gruppe von Hunden, wie einem Welpenerziehungskurs. Diese Kurse sind noch relativ klein, sodass dein Hund sich daran gewöhnen kann, Kommandos in Anwesenheit einiger anderer Hunde zu üben. Schließlich kannst du einen Hundepark besuchen, wo Hunde aller Altersgruppen und Größen miteinander interagieren können.

Foto von
Norma Ryan

Foto von
Laura Chaffin
Cimarron Frontier Doodles

Versuche während dieser Interaktionen, ruhig zu bleiben und kein Helikopter-Besitzer zu sein. Es ist leicht, sich zu sorgen, wenn dein heranwachsender Goldendoodle von einem Deutschen Schäferhund gezwickt wird, aber solange niemand verletzt wird, geht es deinem Hund gut. Wenn du eingreifst, um deinen Hund aus dem, was du als raues Spiel empfindest, zu retten, vermittelst du deinem Hund den Eindruck, dass er in Schwierigkeiten war, obwohl das nicht der Fall war. Bei zukünftigen Interaktionen könnte dein Hund dann anderen großen Hunden ausweichen und es vermeiden, herumgejagt zu werden.

Andererseits solltest du deinen Hund nicht in eine große Gruppe anderer Hunde drängen, wenn dein Welpe kein Interesse zeigt. Hunde nehmen viele Informationen durch Beobachtung nonverbaler Signale und Gerüche auf. Dein Hund sollte ausreichend Zeit haben, seine Artgenossen zu beschnüffeln, bevor er ins Spiel einsteigt. Du möchtest auch nicht, dass andere Hunde deinen Hund als Bedrohung oder leichtes Ziel ansehen. Lass deinen Hund sich in seinem eigenen Tempo vorstellen. Andernfalls könnte er Angst vor zukünftigen Begegnungen haben.

Manchmal kann es schwierig sein, zwischen Kämpfen und normalem Hundespiel zu unterscheiden. Dies wird im nächsten Kapitel ausführlicher behandelt, aber es ist wichtig, die nonverbalen Signale deines Hundes zu beobachten, um zu sehen, wie er sich fühlt. Ein wedelnder Schwanz ist ein gutes Zeichen dafür, dass dein Hund Spaß hat. Ein Schwanz zwischen den Beinen zeigt, dass dein Hund besorgt ist. Gefletschte Zähne und Knurren sind Zeichen dafür, dass ein Hund keinen Spaß hat und sehr verärgert ist.

Wenn dein Hund gut mit anderen Hunden auskommt, wird dein Leben viel einfacher. Wenn du nach draußen gehst, um dich zu bewegen, musst du dir keine Sorgen machen, dass dein Hund ängstlich zusammenzuckt, wenn ein anderer Hund vorbeikommt, oder einen anderen Hund im Park anknurrt. Dein Hund wird sich in Trainingskursen leichter konzentrieren können und insgesamt eine bessere Lebensqualität haben, wenn er mit Artgenossen interagieren kann.

Neue Menschen richtig begrüßen

Teil einer guten Sozialisierung ist die Fähigkeit, Menschen zu begrüßen, ohne nervös oder verärgert zu werden. Im Allgemeinen sind Goldendoodles sehr freundlich und gut im Umgang mit Menschen. Es braucht jedoch nur eine schlechte Begegnung, um deinen Hund zu erschrecken und ihn für zukünftige Interaktionen nervös zu machen. Hunde reagieren stark auf das Feedback, das sie auf eine Handlung erhalten. Wie beim Training werden sie eine Handlung wiederholen, wenn sie etwas Gutes damit verbinden können. Wenn sie ein negatives Ergebnis erhalten, zeigen sie Vermeidungsverhalten. Wenn ein Hund beispielsweise in einem früheren Zuhause mit einem Besitzer lebte, der ihn anschrie und schlug, vertraut er neuen Menschen möglicherweise nicht, weil er gelernt hat, dass die Interaktion mit Menschen Schmerz und Angst verursacht.

Ebenso kann dein Hund gegenüber jemandem misstrauisch sein, der ungewohnt aussieht. Wenn du eine kleine Frau bist und dein Hund an Menschen gewöhnt ist, die dir ähnlichsehen, kann dein Hund bei einem sehr großen Mann nervös sein. Manche Hunde sind vorsichtig bei Menschen, die anders aussehen als die Menschen, an die sie gewöhnt sind. Wenn du deinen Hund mit einer Vielzahl von Menschen bekannt machst, wird ihm das helfen, zu verstehen, dass man Menschen vertrauen kann.

Wenn du deinen Hund Fremden vorstellst, tue dies langsam. Du möchtest vielleicht jeden, den du kennst, zu dir nach Hause einladen, nachdem du deinen Hund nach Hause gebracht hast, um seine Niedlichkeit zu zeigen, aber das könnte für einen Hund zu überwältigend sein. Stelle ihn einigen wenigen Personen gleichzeitig vor. Lass deine Gäste sich hinsetzen und deinen Hund zu ihnen kommen. Erlaube deinem

Hund, sie zu beschnüffeln, bevor sie versuchen, ihn zu streicheln. Dann lass deine Gäste deinem Hund Leckerlis anbieten. Dies verstärkt den Gedanken, dass Freundlichkeit gegenüber Menschen gut ist.

Wenn du einen besonders vorsichtigen Hund hast, kannst du diese Einführung auf die nächste Stufe bringen. Suche während eines Spaziergangs oder im Hundepark nach willigen Fremden, die deinem Hund Leckerlis anbieten. Du wirst feststellen, dass Menschen mehr als bereit sind zu helfen, weil sie deinen niedlichen Goldendoodle streicheln dürfen. Gib einem Fremden ein Leckerli und bitte ihn, sich deinem Hund zu nähern. Wenn dein Hund höflich ist, sage ihnen, sie sollen deinem Hund das Leckerli geben. Dein Goldendoodle kann möglicherweise zwischen deinen Freunden und einem freundlichen Fremden unterscheiden. Wenn du also Menschen einbeziehst, die du nicht kennst, wird sich dein Hund wohler fühlen, wenn er an einer unbekannten Person vorbeigeht.

Goldendoodles und Kinder

Wenn du eine Familie hast, ist ein Goldendoodle eine großartige Ergänzung! Diese Rasse liebt es, mit Kindern herumzutollen und Spaß zu haben. Da Kinder sich jedoch ganz anders verhalten als Erwachsene, ist es gut, deinem Hund in einer kontrollierten Umgebung etwas Kontakt mit Kindern zu ermöglichen. Diese Art der Sozialisierung ist die gleiche wie die Sozialisierung mit erwachsenen Menschen, jedoch mit mehr Überwachung und Aufklärung.

Wenn Kinder nicht viel Erfahrung mit Hunden haben, wissen sie möglicherweise nicht, wie sie sich verhalten sollen. Ebenso weiß ein Hund vielleicht nicht, wie er sich bei Kindern verhalten soll. Kinder können manchmal übermäßig energiegeladen sein, was auch einen Hund aufwühlen kann. Manchmal kann diese überschüssige Energie dazu führen, dass Hunde etwas zu rau mit Kindern spielen. Wenn das passiert und die Kinder besorgt sind, lass sie damit aufhören, was sie tun, und gib dem Hund etwas Zeit, sich zu beruhigen. Oder wenn die Kinder zu rau spielen und der Hund besorgt wird, bringe deinen Kindern bei, die Anzeichen eines ängstlichen Hundes zu erkennen, und weise sie an, dem Hund etwas Raum zu geben. Zeige ihnen, wie man einen Hund nett streichelt und empfindliche Bereiche meidet.

Als Besitzer liegt es in deiner Verantwortung, sicherzustellen, dass alle sicher sind, wenn sie mit deinem Hund interagieren, einschließlich deines Hundes selbst. Selbst wenn du das Gefühl hast, dass deinem Hund in der Nähe deiner Kinder vertraut werden kann und umgekehrt, ist es dennoch wichtig, in der Nähe zu sein, falls etwas schief geht. Hunde

haben begrenzte Kommunikationsmöglichkeiten mit ihren Menschen. Wenn sie sich also extrem unwohl fühlen, können sie ohne große Vorwarnung schnappen. Oder sie geben eine Warnung, aber Kinder haben nicht die Erfahrung, diese zu interpretieren. Im Allgemeinen musst du dir bei einem gut sozialisierten, gut gezüchteten Goldendoodle keine Sorgen machen, dass er Probleme mit jemandem hat, aber Vorsicht ist besser als Nachsicht. Sobald dein Hund gelernt hat, wie er sich bei Kindern verhalten soll, und deine Kinder gelernt haben, wie sie sich beim Hund verhalten sollen, werden sie die besten Freunde sein!

Sozialisierung erfordert viel Kontakt mit verschiedenen Menschen und Hunden in unterschiedlichen Umgebungen. Es ist wichtig, in die Welt hinauszugehen und deinem Hund früh in seinem Leben beizubringen, wie er sich gegenüber anderen verhalten soll. Achte darauf, dass du deinem Hund so viele positive Erfahrungen wie möglich bieten kannst. Leckerlis und Ermutigung sind ein Muss, wenn es darum geht, deinem Hund beizubringen, anderen zu vertrauen. Diese Art des Trainings kann dir und deinem Hund viel Spaß machen und erfordert wenig Arbeit von dir – alles, was du tun musst, ist, mit deinem Hund in die Welt hinauszugehen und Spaß zu haben, und er wird dadurch zu einem besserer Hund!

KAPITEL 8
Goldendoodles und deine anderen Haustiere

Wenn du planst, einen weiteren Hund in dein Rudel aufzunehmen, ist ein Goldendoodle eine gute Wahl. Diese Rasse ist freundlich und versteht sich gut mit anderen Hunden, besonders im Vergleich zu manchen Rassen, die besser als Einzelhunde gehalten werden. Während dein Goldendoodle vielleicht keine Probleme hat, Teil der Gruppe zu werden, könnten deine anderen Haustiere einige Vorbehalte haben. Mit ein wenig Vorbereitung werden deine Haustiere deinen neuen Goldendoodle problemlos akzeptieren.

Deinen neuen Welpen deinen anderen Haustieren vorstellen

„Wenn du zum ersten Mal einen Welpen in ein Haus mit anderen Haustieren bringst, lass den Welpen zunächst in einer Transportbox. Erlaube den anderen Haustieren, sich mit ihm vertraut zu machen. Das gibt dem Welpen Sicherheit vor möglicher Aggression und potenziellen Verletzungen. Wenn die anderen Haustiere positive Signale zeigen, leine sie nach einer Weile an und erlaube dem Welpen, sich ihnen nach eigenem Ermessen und unter deiner Aufsicht zu nähern.“

Laura Chaffin
Cimarron Frontier Doodles

Wie bereits in einem früheren Kapitel erwähnt, könnte es einige Zeit dauern, bis deine Haustiere miteinander vertraut werden. Im besten Fall verstehen sich deine Haustiere von Anfang an gut. Wahrscheinlicher ist jedoch, dass deine Haustiere etwas Zeit brauchen, um sich aneinander zu gewöhnen, bevor sie Freunde werden. Um Probleme zwischen den Tieren zu vermeiden, gibt es einige Möglichkeiten, diese neue Freundschaft behutsam aufzubauen.

Versuche zunächst, das erste Treffen auf neutralem Boden stattfinden zu lassen. Hunde können territoriale Wesen sein und ihr Revier beschützen wollen. Wenn ein anderer Hund in ihr Territorium eindringt, könnten sie negativ auf den Eindringling reagieren. Um dieses Problem zu vermeiden, versuche ein Treffen bei einem Freund oder in einem Park zu arrangieren. Sobald sich deine Hunde in einer neutralen Umgebung gut verstehen, kannst du eine weitere Begegnung in deinem Zuhause versuchen.

Es ist hilfreich, bei diesem Prozess Unterstützung zu haben. Lass einen Freund die Leine des einen Hundes halten, während du die des anderen hältst. So könnt ihr die Hunde schnell trennen, falls Probleme auftreten. Ihr könntet auch versuchen, mit beiden Hunden gemeinsam spazieren zu gehen, damit sie in der Nähe des anderen sein können, ohne direkt miteinander interagieren zu müssen.

Sobald deine Haustiere beginnen, sich miteinander vertraut zu machen, kannst du die Zeit, die sie zusammen verbringen, verlängern. Denk jedoch daran, sie natürlich interagieren zu lassen und sie nicht zu zwingen, auf engem Raum zusammen zu sein, wenn sie sich wohler fühlen, wenn sie ihr eigenes Ding auf gegenüberliegenden Seiten des Gartens tun. Wenn sie bereit sind zu spielen, werden sie es tun. Wenn du deinen neuen Goldendoodle endgültig nach Hause bringst, stelle sicher, dass deine Haustiere immer die Möglichkeit haben, sich bei Bedarf voneinander zu trennen. Lass zum Beispiel deine Katze und deinen Goldendoodle nicht unbeaufsichtigt in einem geschlossenen Raum, selbst wenn sie sich in der Vergangenheit gut verstanden haben. Man weiß nie, was ein Tier anstellen kann, wenn man nicht hinschaut, und sie müssen in der Lage sein, Abstand voneinander zu nehmen, um ihre eigene Sicherheit

Foto von
Jennifer Yu

zu gewährleisten. Für eine Katze eignet sich ein Kratzbaum gut. Für Hunde können ein geräumiges Zimmer oder Treppengitter deinen Hunden etwas mehr Platz geben, um sich sicher zu fühlen.

Rudelmentalität

Foto von
Denise Tkacik

Es gibt einige Kontroversen darüber, ob sich die heutigen Haushunde wie ihre Vorfahren verhalten. Einige Trainer glauben, dass Hunde weiterhin bestimmte Rollen innerhalb eines Rudels einnehmen, während andere glauben, dass unsere Hunde zu weit von ihren wilden Verwandten entfernt sind, als dass dies eine zuverlässige Methode zum Verständnis von Hunden sein könnte. Ob Hunde rudelmäßig denken oder nicht, ist umstritten, aber wir können möglicherweise trotzdem verstehen, warum unsere Hunde sich so verhalten, wie sie es tun, indem wir untersuchen, wie ein Hunderudel funktioniert.

Jedes Hunderudel hat einen Anführer. Die anderen Hunde im Rudel schauen zum Anführer für Orientierung und ordnen sich unter. Einige Hunde sind dominanter als andere, während manche ziemlich passiv sind. Diese soziale Hierarchie beeinflusst nicht wirklich, wie aggressiv oder sanftmütig ein Hund ist, noch macht sie einen Hund im Rudel glücklicher als den anderen. Wenn Hunde zusammenleben und reisen, brauchen sie jemanden, der Entscheidungen für den Rest des Rudels trifft.

In deinem Hunderudel solltest du als Anführer angesehen werden. Wenn dein Hund ständig zu dir schaut, um Anweisungen zu erhalten, dann weißt du, dass du dies erreicht hast. Um dein Hunderudel zu führen, musst du nicht hart oder aggressiv sein. Sei bestimmt, wenn dein Hund sich danebenbenimmt, aber sei freundlich und liebevoll. Spaziergänge können eine großartige Gelegenheit sein, deinem Hund beizubringen, dir zu folgen und dich um Orientierung zu bitten. In späteren Kapiteln werden die Spaziergangs-Etikette besprochen.

Da Hunde unterschiedliche Positionen in der Hierarchie einnehmen, wirst du feststellen, dass die Hunde in deinem Zuhause manchmal entsprechend dieser sozialen Ordnung handeln. Du hast vielleicht einen Hund, der es nicht mag, wenn der andere Hund zuerst frisst. Im Hunderudel ist das Alpha der erste, der frisst. Oder du bemerkst, dass ein Hund zurückhaltender ist und dem anderen nachgibt. Das ist ein völlig akzeptables Verhalten. Das Einzige, was nicht akzeptabel ist, ist Kämpfen. Aggression hat jedoch nichts mit der Rudelmentalität zu tun, sondern mehr mit Angst.

Laut Amie Paulson von der Clovie's Creation Zucht ist es in Ordnung, deinen etablierten Hund den neuen Hund in seine Schranken weisen zu lassen, wenn der Welpe eine Grenze überschreitet. Dein alter Hund könnte genervt werden, wenn dein Welpe wild herumtobt und versucht, auf ihm herumzuklettern. Ein erwachsener Hund kann deinem Welpen einen kleinen Schnapper geben, um dem Welpen mitzuteilen, dass sein Verhalten in ihrem Rudel nicht akzeptabel ist. Solange dein etablierter Hund deinen Welpen nicht verletzt, wird dein Welpe von den Älteren das richtige Verhalten lernen.

Kämpfe und aggressives Verhalten

Es kann sehr beängstigend sein, wenn dein Hund in einen Kampf gerät, sei es mit deinem eigenen Hund oder einem Hund im Park. Es ist auch gefährlich, in einen Kampf einzugreifen, da Hunde mit ihren star-

ken Kiefern und scharfen Zähnen viel Schaden anrichten können. Dein Hund würde dich niemals absichtlich verletzen, aber in der Hitze des Gefechts weiß er vielleicht nicht, dass du an ihm ziehst, und beißt dich, weil er denkt, du seist ein anderer Hund im Kampf. Trotzdem musst du den Kampf beenden und alle in deinem Haushalt schützen.

Fass niemals ins Gesicht eines kämpfenden Hundes. Wenn deine Hände zu nahe an die Zähne kommen, wirst du höchstwahrscheinlich gebissen. Gib dir stattdessen etwas Spielraum an der Leine und gib deinem Hund einen festen und schnellen Ruck nach hinten. Anstatt wie bei einem Tauziehspiel zu ziehen, gib einen scharfen Ruck, um die Aufmerksamkeit deines Hundes zu bekommen. Wenn dein Hund nicht an der Leine ist, versuche, seine Hinterbeine zu greifen und rückwärtszugehen. Das hält dich nicht nur von den Zähnen fern, sondern macht es deinem Hund auch schwer zu kämpfen. Einige Besitzer stellen auch Barrieren zwischen ihre Hunde, um ihren intensiven Blickkontakt zu unterbrechen, wie etwa ein Backblech. Andere rasseln mit einer Dose voller Steine, um die Aufmerksamkeit der Hunde voneinander abzulenken. Was auch immer du tust, versuche, ihre Konzentration zu unterbrechen, die Hunde zu trennen und dich selbst aus der Gefahrenzone zu halten.

Sobald der Kampf vorbei ist, halte die Hunde eine Weile voneinander fern, um ihnen Zeit und Raum zum Abkühlen zu geben. Wenn du die Hunde wieder zusammenbringst, behalte sie im Auge und achte auf aggressives Verhalten. Wenn du Anzeichen von Aggression bemerkst, wie Knurren oder Starren, trenne die Hunde erneut. Wenn sich dieses Problem nicht von selbst löst, solltest du deine Optionen mit einem Trainer oder Verhaltensexperten besprechen.

Wurfgeschwister

Wenn ein Goldendoodle gut ist, sind dann zwei Goldendoodles besser? Wenn die Welpen aus demselben Wurf stammen, hast du möglicherweise nicht doppelt so viel Spaß. Wenn Wurfgeschwister zusammen gekauft werden, neigen sie dazu, seltsame Verhaltensweisen zu zeigen, die du bei Hunden aus unterschiedlichen Würfen nicht finden würdest. Wurfgeschwister können extrem anhänglich sein und unruhig werden, wenn sie getrennt werden. Das kann Probleme verursachen, wenn du einen Hund zum Tierarzt bringen musst und den anderen nicht. Sie lenken sich auch gegenseitig ab und haben Schwierigkeiten, bei der Ausbildung aufzupassen. Einige Trainer lassen Wurfgeschwister nicht einmal in ihren Kursen zu, weil sie so störend sein können.

Wenn du mehrere Goldendoodles in deinem Zuhause haben möchtest, solltest du vielleicht ein wenig Zeit zwischen den Hunden verstreichen lassen. Auf diese Weise wirst du keine Hunde mit „Wurfgeschwister-Syndrom" erleben und musst auch nicht mit zwei Welpen gleichzeitig die Stubenreinheit und Gehorsamkeit trainieren.

Was tun, wenn meine Haustiere sich nicht verstehen

Wenn du immer wieder versuchst, deine Hunde dazu zu bringen, sich zu verstehen, sie es aber einfach nicht tun, musst du einen Plan entwickeln. Selbst wenn du bei der Sozialisierung alles richtig machst, vertragen sich manche Tiere einfach nicht besonders gut. Vielleicht hast du eine alte Katze in deinem Zuhause, die bei jeder Gelegenheit nach deinem Goldendoodle schlägt. Oder vielleicht ist dein alter Hund ein-

Foto von
Bev Eckert
Hilltop Pups

fach eine dieser Rassen, die nicht gut mit anderen Hunden auskommt. Wenn deine Haustiere sich nicht verstehen, bis zu dem Punkt, an dem eines oder mehrere in Gefahr sind, verletzt zu werden oder übermäßigen Stress zu erleiden, ist es wichtig, etwas zu unternehmen, bevor die Dinge außer Kontrolle geraten.

Das Erste, was du versuchen könntest, ist, mit einem Trainer oder einer anderen Art von Tierspezialist zusammenzuarbeiten. Diese Experten haben vielleicht einige Ideen für dich, um deinen Haustieren zu helfen, miteinander auszukommen. Einige Trainer kommen sogar zu dir nach Hause, um das Problem zu diagnostizieren und dir zu helfen, mit deinen Haustieren zu arbeiten. Sobald sie deine Situation verstehen, können sie dir vielleicht sagen, ob es möglich ist, alle Haustiere in deinem Zuhause zu behalten.

Wenn das nicht funktioniert, musst du vielleicht eine schwierige Entscheidung treffen. Du möchtest nicht, dass jemand verletzt wird. Vielleicht ist es nicht der beste Zeitpunkt für einen neuen Welpen. Vielleicht kannst du einen neuen Welpen ins Haus holen, wenn deine häuslichen Umstände anders sind. Bis dahin ist es vielleicht am besten, dein Haus so zu belassen, wie es ist. Es kann schwer sein, zu diesem Schluss zu kommen, aber denk daran, dass du das Richtige für alle beteiligten Tiere tust.

Goldendoodles sind eine großartige Ergänzung für dein Zuhause, weil sie sich gut mit allen verstehen. Damit sich alle wohlfühlen, gib deinen Haustieren ausreichend Zeit, sich anzupassen und einander kennenzulernen. Mit der Zeit sollte dein kleines Hunderudel gut miteinander auskommen. Wenn nicht, tu dein Bestes, um die Spannung zwischen deinen Haustieren zu entschärfen. Ein Hundetrainer kann dir Tipps geben und sogar zu dir nach Hause kommen und sehen, wo das Problem liegt. Es ist selten, Probleme mit Goldendoodles zu haben, aber denk immer daran, das Beste für deine Haustiere im Auge zu behalten.

KAPITEL 9
Bewegung

„Die meisten Menschen setzen Goldendoodles mit Labradoodles gleich und nehmen an, dass sie die gleich viel Energie wie ein Labradoodle haben. Obwohl sie durchaus energiegeladen sind und gerne spielen, haben sie bei weitem nicht die Energie oder benötigen so viel Aktivität wie ein Labradoodle."

Kristine Probst
Island Grove Pet Kennels

Goldendoodles sind energiegeladene Hunde, die es lieben, herumzutollen und zu spielen. Diese Rasse ist daher nicht ideal für Menschen, die wenig Zeit zu Hause verbringen oder nicht bereit oder in der Lage sind, mit ihrem Vierbeiner spazieren zu gehen oder zu laufen. Allerdings ist ein energiegeladener Hund die perfekte Motivation, um auch selbst mehr Bewegung zu bekommen. Dennoch können die großen Welpenaugen dieser Rasse dich nicht immer dazu überreden, vom Sofa aufzustehen oder pünktlich von der Arbeit nach Hause zu kommen. Als Goldendoodle-Besitzer solltest du also selbst motiviert sein, dich mit deinem Hund zu bewegen.

Laut Amie Paulson von Clovie's Creation ist ein müder Hund ein braver Hund. Das bedeutet, dass Hunde sich besser benehmen und weniger zerstörerisch sind, wenn sie im Laufe des Tages Energie abbauen konnten – im Gegensatz zu Hunden, die stundenlang im Haus eingesperrt wa-

Foto von
Traci Wolos

Foto von
Caitlin Sharpe

ren. Du wirst feststellen, dass dein Goldendoodle viel gehorsamer und weniger ängstlich ist, wenn er Zeit zum Spielen hatte.

Genau wie bei Menschen hält Bewegung deinen Goldendoodle glücklich und gesund. Ohne Möglichkeit, Kalorien zu verbrennen, kann dein Hund an Gewicht zulegen, was zu Krankheiten beitragen kann. Auch die psychische Gesundheit eines Hundes erfordert verschiedene Arten von Stimulation. Ein Hund, der nie das Haus verlassen darf, langweilt sich und wird letztendlich destruktiv, um sich selbst zu beschäftigen.

Bewegungsanforderungen

Der Bewegungsbedarf eines Hundes variiert von Rasse zu Rasse. Da Goldendoodles mittelgroße bis große Hunde mit viel Energie sind, benötigen sie mehr Bewegung als die meisten anderen Hunde. Mit der Zeit wirst du herausfinden, wie viel Bewegung dein Hund braucht, um ausgeglichen zu sein. Bis du die Bedürfnisse deines Goldendoodles kennst, beginne mit etwa einer Stunde am Morgen und einer weiteren am Abend.

Eine Stunde Bewegung zweimal täglich bedeutet nicht, dass du die ganze Zeit neben deinem Hund herlaufen musst. Es gibt viele verschiedene Aktivitäten, die du mit deinem Hund unternehmen kannst, ohne dich selbst körperlich zu verausgaben. Außerdem ist es gut für deinen Hund, wenn die Art der Bewegung variiert wird. Das hält deinen Hund bei Laune und fordert ihn.

Vielleicht hast du morgens wenig Zeit, während du dich auf den Tag vorbereitest. Dann kannst du damit beginnen, deinen Hund zu einem zwanzigminütigen Spaziergang oder Jogging mitzunehmen. Während du deinen Morgenkaffee trinkst, kannst du mit deinem Goldendoodle Apportieren spielen. Du kannst an einem Ort bleiben, während dein Hund über den Hof sprintet und dem Ball hinterherjagt.

Diese Bewegungseinheiten müssen auch nicht unbedingt innerhalb einer Stunde stattfinden. Wenn du morgens nur dreißig Minuten für deinen Hund hast, kannst du immer mittags nach Hause kommen und ein weiteres schnelles Apportierspiel einlegen. Wenn das mit deinem Zeitplan nicht vereinbar ist, kannst du einen Hundesitter engagieren, der sicherstellt, dass dein Vierbeiner mittags an die frische Luft kommt. Oder vielleicht jagt dein Hund gerne Eichhörnchen in deinem eingezäunten Garten. Zehn Minuten Herumrennen und Wildtiere jagen zählt als Bewegung und erfordert keine Anstrengung von dir. Goldendoodle-Experten empfehlen etwa zwei Stunden Bewegung pro Tag, aber du kannst kreativ sein, wie dein Hund diese Bewegung bekommt.

Verschiedene Bewegungsarten zum Ausprobieren

Das Tolle an Goldendoodles ist, dass sie grundsätzlich für alles zu haben sind. Diese Rasse liebt es zu gehen, zu laufen, zu spielen und sogar zu schwimmen. Es gibt also unzählige Aktivitäten, die du mit deinem Hund unternehmen kannst! Um deinen Hund bei Laune zu halten, solltest du die Bewegungsarten abwechseln. Wenn die immer gleichen Spazierwege für euch beide langweilig werden, versuche es mit einem großen Hundeplatz, wo du einen Tennisball so weit wie möglich werfen kannst. Oder bringe deinem Hund ein neues Spiel bei, wie Frisbee. Diese Rasse kann sehr leicht neue Fähigkeiten erlernen, daher sind den Möglichkeiten keine Grenzen gesetzt.

Gehen und Laufen sind bewährte Klassiker. Während du dich vielleicht langweilst, wenn du mehrere Tage hintereinander die gleiche Route gehst, bleibt dein Hund durch all die neuen Gerüche unterhalten. Spaziergänge ermöglichen Hunden auch, Zeit mit anderen Menschen, Tieren und in neuen Umgebungen zu verbringen, was deinem Hund hilft, sich an neue Orte zu gewöhnen. Auch wenn es scheint, als könnte dein Goldendoodle ewig laufen, achte darauf, bei längeren Ausflügen Wasser mitzunehmen und auf Anzeichen von Müdigkeit zu achten. Hunde sind Sprinter, keine

Foto von
Tammara Ruesink

Foto von
Logan Schuering

Langstreckenläufer. Während Menschen Strecken über fünf Kilometer bewältigen können, sollte ein Hund nicht mehr als drei oder vier Kilometer laufen. Bei heißem Wetter solltest du kürzere Strecken wählen, sonst riskierst du, deinen Vierbeiner nach Hause tragen zu müssen. Hunde schwitzen nicht wie Menschen, daher können sie bei zu großer Anstrengung bei hohen Temperaturen überhitzen.

Wenn es zu heiß zum Spazierengehen ist, versuche mit deinem Hund schwimmen zu gehen. Das Paddeln im flachen Wasser eines Sees kann viel Energie verbrennen, und Goldendoodles lieben es, am Strand zu planschen. Du kannst sogar ein Apportierspiel einbauen, indem du ein schwimmendes Spielzeug ins Wasser wirfst. Sei vorsichtig, wenn du deinen Hund ins Wasser schickst, egal wie gut er schwimmen kann. Manche Hunde schwimmen vom Ufer weg, werden dann müde und haben Schwierigkeiten zurückzukehren. Auch Bäche und Meere können deinen Hund weiter von dir wegtragen als dir lieb ist. Ein flaches, stehendes Gewässer ist für deinen Vierbeiner möglicherweise sicherer. Es gibt auch spezielle Schwimmwesten für Hunde, die deinen Liebling über Wasser halten. Selbst wenn dein Hund ein geübter Schwimmer ist, ist es immer gut, ihm eine Weste anzulegen, um ihn zu schützen.

Spiele im Garten sind eine unterhaltsame, interaktive Möglichkeit, Zeit mit deinem Hund zu verbringen. Goldendoodles sind ausgezeichnete Apportierer und spielen stundenlang, wenn du es zulässt. Diese Spiele vermitteln auch wertvolle Fähigkeiten wie „Aus" und „Nimm". Wenn du keinen kräftigen Arm hast, um den Ball weit zu werfen, gibt es in Zoofachgeschäften praktische Produkte, die dir helfen, den Ball weiter zu schleudern, damit dein Hund mehr Energie verbrennen kann. Frisbee ist ein ähnliches Spiel, das sowohl vom Besitzer als auch vom Hund Geschick erfordert. Kaufe ein Frisbee aus dem Tierfachhandel, die weicher ist als Hartplastik, mit dem Menschen spielen. Übe dann das Werfen, damit dein Hund sie leicht mit dem Maul fangen kann. Wenn er erfolgreich ist, lobe ihn ausgiebig. Dies verstärkt den Gedanken, dass das Fangen des Frisbee gut ist, und motiviert ihn, schneller zu laufen und höher zu springen, um ihn zu fangen.

Spaßige Spiele für energiegeladene Hunde drinnen

Manchmal erlaubt das Wetter es nicht, dass du und dein Hund draußen aktiv sein könnt. Anstatt deinen Hund in deinem Zuhause verrückt werden zu lassen, gibt es einige Dinge, die du tun kannst, um deinen Hund aktiv und unterhalten zu halten. Goldendoodles sind intelligente

Foto von
Abby Hosman

Hunde, daher brauchen sie auch geistige Stimulation sowie körperliche Betätigung. Während es einfacher ist, einen Ball im Garten zu werfen, als sich Ideen für Bewegung im Haus auszudenken, besonders wenn du ein kleineres Zuhause hast, gibt es dennoch viele Dinge, die du mit deinem Goldendoodle tun kannst, wenn ihr nicht nach draußen gehen könnt.

Ein Spiel, das deinen Hund lange aktiv hält, ist Verstecken spielen. Das erfordert einige Vorkenntnisse an Kommandos, aber sobald dein Hund die Regeln gelernt hat, werdet ihr viel Spaß beim Spielen haben. Beginne damit, dass dein Hund auf einer Seite des Hauses in der Sitz- und Bleib-Position ist. Nimm dann ein Lieblingsspielzeug und verstecke es in einem anderen Raum, sodass dein Hund nicht sehen kann, wo du es versteckst. Kehre zu deinem Hund zurück und fordere ihn auf, den Gegenstand zu finden, und beobachte, wie er sich an die Arbeit macht und nach seinem Lieblingsspielzeug schnüffelt. Wenn er es schließlich findet, gib ihm viel Lob und Leckerlis und wiederhole den Vorgang, solange dein Hund bereit ist zu spielen. Dieses Spiel hält sowohl deinen Hund als auch seinen Geist in Bewegung.

Zerrspiele sind eine weitere Möglichkeit, die in einem kleinen Raum gespielt werden können und Energie verbrennen. Halte ein Ende eines Seils fest und lass deinen Hund das andere Ende nehmen. Ziehe an deinem Ende und bewege das Seil sanft hin und her, um die Spielinstinkte deines Hundes zu wecken. Er wird mit aller Kraft gegen dich ziehen, bis er das Spiel gewinnt. Als zusätzlicher Vorteil hilft das Seilspielzeug, die Zähne deines Hundes zu reinigen, während er daran kaut. Dieses Spiel wird am besten auf einem Teppichboden gespielt, da ein Fliesenboden nicht die Traktion bietet, die dein Hund für ein gutes, solides Zerren braucht. Wenn du feststellst, dass dein Hund bei diesem Spiel zu aufgedreht wird, höre auf, wann immer du genug hast. Dein Hund wird lernen, nach deinen Regeln zu spielen, nicht nach seinen.

Jede Art von Hundetraining ist auch eine gute Möglichkeit, deinen Hund zu beschäftigen, wenn ihr nicht nach draußen gehen könnt. Mit den richtigen Leckerlis wird dein Hund in deinem ganzen Haus sitzen, bleiben und kriechen. Regnerische und verschneite Tage sind eine gute Zeit, um drinnen zu bleiben und an Gehorsamkeitsübungen zu arbeiten und neue Tricks zu lernen. Wenn das Wetter dann besser ist, kannst du deine gesamte Freizeit mit Frisbee und Apportieren verbringen.

Es ist auch eine gute Idee, sich über Hallen-Hundeplätze und Hundevereine mit Innenanlagen zu informieren. Wenn dein Hund etwas Agili-

ty-Training hat, kannst du vielleicht in deiner Freizeit das Kriechen durch Tunnel und das Springen über Hindernisse üben. Andere Hundesportarten wie Nasenarbeit und Flyball sind gute Aktivitäten für Goldendoodles, da sie drinnen geübt werden können. Eine energiegeladene Rasse wie der Goldendoodle möchte ihre Beine vertreten, daher ist jede Gelegenheit, die sie drinnen zum Laufen und Spielen bekommt, hilfreich für die geistige Gesundheit des Besitzers. Natürlich, wenn es möglich ist, für eine kurze Zeit nach draußen zu gehen, tu es. Selbst ein Spaziergang in der Nachbarschaft von zehn bis zwanzig Minuten wird die allgemeine Stimmung und das Verhalten deines Hundes verbessern.

Während es leicht ist, einen Hundespaziergang zu überspringen oder deinen Hund allein im Garten herumstreifen zu lassen, ist es weder gut für deinen Hund noch für eure Beziehung, wenn dein Hund untätig bleibt. Ein gelangweilter und energiegeladener Hund schafft Probleme für deinen Haushalt. Ein müder Hund ist ein braver Hund, und du wirst feststellen, dass dies der Fall ist, wenn du einfach nur etwas Arbeit im Haus erledigst oder deinen Hund zu einem Trainingskurs mitnehmen möchtest.

Es gibt so viele unterhaltsame Dinge, die du mit deinem Goldendoodle unternehmen kannst, dass keiner von euch eurer täglichen Bewegung überdrüssig werden sollte. Erkunde neue Orte bei euren täglichen Spaziergängen und genieße die Zeit, die du mit deinem Hund verbringst, während du einen Frisbee wirfst, den dein Goldendoodle fangen soll. Nimm deinen Goldendoodle mit auf unterhaltsame Ausflüge zum Schwimmen in einem See oder zum Wandern. Wenn das Wetter es nicht erlaubt, nach draußen zu gehen, denke dir neue Aktivitäten aus, um deinen Goldendoodle vom Sofa zu holen und seinen Geist zu fordern. Bewegung ist ein wichtiger Teil des Tages deines Hundes, und viele unterhaltsame Aktivitäten werden deinen Goldendoodle zu einem glücklichen und gesunden Vierbeiner machen.

KAPITEL 10
Deinen Goldendoodle trainieren

*„Goldendoodles sind GIGO-Hunde. Statt ,Garbage In, Garbage Out'
gilt bei ihnen ,Good In, Good Out' - die Grenzen dessen, was sie erreichen
können, werden nur durch die Zeit und das Training bestimmt, die sie
erhalten."*

Jennifer Tramell
Music City Goldendoodles

Goldendoodles sind intelligente Hunde, was sie leichter zu trainieren macht als manche andere Rassen. Das bedeutet jedoch nicht, dass dein Goldendoodle wie durch Zauberhand deine Kommandos ohne viel Training verstehen wird. Der Trainingsprozess erfordert

viel Zeit und Energie, aber es lohnt sich absolut, wenn dein Hund deinen Anweisungen folgt. Übe regelmäßig, habe Geduld, und ehe du dich versiehst, wirst du einen gehorsamen Hund haben.

Klare Erwartungen

Wenn es darum geht, deinem Hund angemessenes Verhalten für dein Zuhause beizubringen, ist es gut, klare Erwartungen an ihn zu haben. Du solltest auch deine Familie in die Regeln einweihen, die du für deinen Goldendoodle aufstellst, damit dein Vierbeiner eine gewisse Konsequenz in seinem Training erfahren kann. Zum Beispiel solltest du jedes Mal die gleichen Signalwörter für denselben Befehl verwenden. Wenn du möchtest, dass dein Hund aufhört, an dir hochzuspringen, aber du „Platz" und „Runter" austauschbar verwendest, wird dein Hund nicht wissen, ob er alle vier Pfoten auf den Boden setzen oder sich auf den Bauch legen soll.

Oder deine Vorstellung von einem perfekt ausgeführten Kommando könnte sich von der deiner Familienmitglieder unterscheiden. Wenn du deinen Hund in die Sitzposition bringst, ist es selbstverständlich, dass dein Hund diese Position halten wird, bis du weitere Anweisungen gibst. Wenn dein Hund also eine Sekunde nach dem Hinsetzen wieder aufsteht, wurde das Kommando gebrochen. Wenn aber ein anderer Trainer in deinem Haushalt eine Belohnung gibt, sobald der Hintern deines Hundes den Boden berührt, erhält dein Hund möglicherweise widersprüchliche Signale darüber, was er tun soll, wenn er „Sitz" hört.

Aus diesem Grund ist es großartig, wenn die ganze Familie an Trainingskursen teilnimmt. So haben alle das gleiche Verständnis von den Kommandos und wie sie zu geben sind. Goldendoodles sind intelligente Hunde, aber sie haben nicht die Fähigkeit, wie Menschen zu denken. Wenn sie Unbeständigkeit in ihrem Training erleben, musst du dich auf unbeständige Ergebnisse einstellen.

Grundlagen der operanten Konditionierung

Hundetraining basiert auf dem psychologischen Konzept der operanten Konditionierung. Das bedeutet jedoch nicht, dass du Psychologie studiert haben musst, um zu lernen, wie man einen Hund trainiert. Bei der Arbeit mit deinem Goldendoodle ist es wichtig, wie ein Hund zu denken. Es ist leicht, unsere menschlichen Lernprozesse auf deinen pelzigen

Foto von
Maureen Simpson
Arizona Goldendoodles

Freund zu projizieren, aber das wird dir nicht helfen zu verstehen, warum dein Hund die Dinge tut, die er tut.

Kurz gesagt, die operante Konditionierung verwendet ein System von Belohnungen, um das Verhalten deines Hundes zu formen. Wenn du deinem Hund einen Trick beibringst, verwendet er keine Logik oder Vernunft, um ihn zu verstehen. Stattdessen wird er lediglich konditioniert, die Bewegung auszuführen, weil er gelernt hat, dass gute Dinge passieren, wenn er das tut, was sein Besitzer ihm befiehlt.

Die Verstärkungen für das Verhalten des Hundes können positiv oder negativ sein, obwohl Hunde besser auf positive Verstärkung als auf negative Verstärkung reagieren. Wenn dein Hund etwas tut, das dir gefällt, gibst du ihm eine Art Belohnung für sein Verhalten. Mit der Zeit signalisiert dies deinem Hund, dass seine Handlung gut ist und dass er sie weiterhin ausführen sollte. Irgendwann wirst du nicht einmal mehr Belohnungen für jeden erfolgreichen Befehl geben müssen, weil dein Hund „programmiert" sein wird, die Aufgabe zu erfüllen.

Obwohl jedes Kommando unterschiedliche Lehrmethoden erfordert, folgt das gesamte Hundetraining dem Konzept der operanten Konditionierung. Wenn du deinen Hund in eine gewünschte Position bringen und ihm eine Belohnung dafür geben kannst, kannst du deinem Goldendoodle fast alles beibringen. Wiederholung ist hier der Schlüssel, denn dein Hund braucht genügend Übung mit dem Kommando, damit es in seinem Gehirn haften bleibt.

Primäre Verstärker

Primäre Verstärker sind einfach Belohnungen, die einen unmittelbaren Wert haben. Futter, Spielzeug und Spiel sind Beispiele für primäre Verstärker, die im Hundetraining verwendet werden. Diese Belohnungen werden deinem Hund gegeben, wenn er etwas Wünschenswertes tut. Dies lässt ihn wissen, dass er etwas richtig gemacht hat und dies weiterhin tun sollte, wenn er dazu aufgefordert wird.

Futter ist vielleicht der verlockendste aller primären Verstärker, wenn es um Hundetraining geht. Hunde können dem Geruch eines besonderen Leckerlis nicht widerstehen und werden fast alles tun, um es zu bekommen. Die wirksamsten Hundesnacks sind solche, die stark duften und klein genug sind, um viele davon in einer Trainingseinheit zu geben. Kleine, feuchte Leckerlis sind einfacher zum Trainieren als große Hundeknochen, die eine Weile zum Fressen brauchen. Manche Besitzer verwenden sogar kleine Würstchenscheiben, weil es für einen Hund etwas

Besonderes ist. Alle Hunde haben ihre eigenen Vorlieben, wenn es um Futter geht. Einige verschlingen einfach alles, während andere wählerischer sind. Bei der Auswahl eines Trainingsleckerlis solltest du etwas finden, das deinen Hund die Lippen lecken lässt, wenn du die Tüte öffnest.

Während die meisten Hunde futtergetrieben sind, reagieren einige mehr auf Spielzeug. Wenn dein Hund nicht stark durch Futter motiviert ist, bedeutet das nicht, dass er nicht trainiert werden kann. Stattdessen musst du kreative Belohnungen für gutes Verhalten finden. Wenn dein Hund Leckerlis ignoriert, aber verrückt nach einem guten Quietschspielzeug ist, nutze diese Begeisterung zu deinem Vorteil. Manchmal will diese verspielte Rasse einfach nur Spaß haben, und diese natürliche Verspieltheit sollte zu deinem Vorteil genutzt werden.

Zum Beispiel kommt dein Hund vielleicht nicht zu dir, wenn du ein Leckerli in der Hand hast, aber er wird dich regelrecht überfallen, wenn du ihm sein Lieblingsspielzeug zeigst. In dieser Situation bringst du das Kommando wie üblich bei, gibst aber das Spielzeug, wenn er es erfolgreich ausführt. Dann können sie eine kurze Spielzeit haben, bevor sie dir das Spielzeug zurückgeben und du wieder in den Trainingsmodus wechselst.

Am Ende deiner Trainingseinheit solltest du deinem Hund etwas Spielzeit geben, um ihm zu zeigen, dass er gute Arbeit geleistet hat. hat. Das Training sollte nicht extrem lange dauern, und ein wenig Spiel hilft, ihn aus der Arbeitsmentalität zu befreien. Hunde können gelangweilt werden, wenn du sie zu lange mit denselben Kommandos drillst, also wird etwas Spiel das Training spaßig und positiv halten.

Sekundäre Verstärker

Primäre Verstärker sind Belohnungen, die an sich gut sind. Sekundäre Verstärker sind belohnend, weil ihnen ein gewisser Wert zugeschrieben wird. Für Hunde sind Lob und Klicker nützliche sekundäre Verstärker. Diese Belohnungen bieten keine sofortige Auszahlung wie ein leckerer Snack, aber sie können mit primären Verstärkern verbunden werden. Denke an sekundäre Verstärker wie an Währung für Hunde – Hunde haben keinen Nutzen für die Währung selbst, aber sie bringt die primären Verstärker, die sie lieben.

Lob ist eine Belohnung, die beim Training deines Hundes ständig eingesetzt werden sollte. Goldendoodles sind sensible Wesen und wollen gefallen, daher lässt sie deine Liebe und Zuneigung wissen, dass sie gute Arbeit leisten. Auch ein bestätigendes Stimmungssignal wie „gut" oder

„ja" kann sogar anstelle eines Leckerlis verwendet werden. Um dies zu tun, musst du damit beginnen, deinem Hund ein Leckerli für gutes Verhalten zu geben, zusammen mit dem bestätigenden Signal. Mit der Zeit wird dein Hund darauf konditioniert, deine Bestätigungen zu hören und sie als belohnend zu verstehen. Wann immer dein Hund etwas richtig macht, lass ihn spüren, dass er der beste Hund der ganzen Welt ist. Dies wird ihm helfen, positive Gefühle mit seinem Training zu verbinden und ihn empfänglicher für neue Kommandos machen.

Klickertraining ist ein ähnliches Konzept, das bei Hundebesitzern beliebt ist. Ein Klicker ist ein kleines, handliches Gerät, das einen Klickton abgibt, wenn du den Knopf drückst. Wenn der Ton mit Leckerlis oder anderen primären Belohnungen verbunden wird, wird dein Hund den Ton hören und als Belohnung akzeptieren. Der Klicker fügt deinem Training auch Präzision hinzu. Wenn du ein Leckerli für ein erfolgreiches Kommando überreichst, macht es die Zeit zwischen dem Greifen nach deinem Hund und der Annahme des Leckerlis durch deinen Hund schwer, sehr spezifische Aktionen zu belohnen. Mit dem Klicker kannst du ihnen in Sekundenbruchteilen eine Belohnung geben. Wenn dein Hund zum Beispiel gerade lernt, zu sitzen und zu bleiben, kannst du deinen Hund mit dem Klicker belohnen, wenn er es schafft, ein paar Sekunden zu bleiben. Wenn du versuchst, ein Leckerli zu überreichen, könnte dein Hund sein Sitzen unterbrechen, um nach seinem Snack zu greifen.

Wenn du keinen Klicker hast, kann ein Stimmungssignal (wie „ja") an seiner Stelle funktionieren. Aber ein Klicker kann ein günstiges Trainingsgerät sein, das helfen wird, deinen Hund für gutes Verhalten zu belohnen. Bei der Verwendung von sekundären Verstärkern solltest du daran denken, sie mit einem primären Verstärker für maximale Wirksamkeit zu kombinieren. Andernfalls wird dein Hund viel „Bargeld" haben, mit dem er nichts anfangen kann. Beim Training solltest du oft Belohnungen geben und sicherstellen, dass sie für deinen Vierbeiner von hohem Wert sind.

Gefahren der negativen Verstärkung

Negative Verstärkung oder Bestrafung ist Teil der operanten Konditionierung, aber das bedeutet nicht, dass sie beim Training deines Hundes eingesetzt werden sollte. Goldendoodles sind besonders sensible Hunde, daher kann alles Unangenehme deinen Hund in seinem Training zurückwerfen. Außerdem reagieren Hunde auf Negativität mit Vermeidung, und du kannst nicht immer vorhersagen, wie sie Negativität vermeiden werden.

Wenn dein Hund zum Beispiel ungezogen ist, könntest du ihn schelten und zu dir rufen. Dann wirst du ihm wahrscheinlich die spaßige Aktivität wegnehmen, die er gerade machte, als du wütend wurdest. Du könntest denken, dass das Schelten ihn vom schlechten Verhalten abhalten wird, aber stattdessen könnte dein Hund das Komm-Kommando mit Negativität verbinden. Wenn du dann am Rückruf arbeitest, wird dein Hund nicht zu dir kommen wollen, weil er denkt, er wird geschimpft. Aus diesem Grund ist es wichtig, wie ein Hund zu denken und ihre Verhaltensreaktionen vorherzusagen, wenn du irgendeine Art von negativer Verstärkung anwendest.

In schwereren Fällen könnten Besitzer ihren Hund für unerwünschtes Verhalten schlagen oder anschreien. Nach einer Weile wird der Hund Angst vor dem Besitzer bekommen. In den meisten Fällen wird ein ängstlicher Hund nicht in der Nähe des Besitzers sein wollen, geschweige denn am Training arbeiten, wo es mehr Bestrafungen geben könnte. Im schlimmsten Fall könnte ein Hund so ängstlich sein, dass er zurückschnappt und jemanden verletzt. Es gibt oft eine feine Linie zwischen Bestrafung und missbräuchlichem Verhalten, das zu schlimmerem Verhalten deines Hundes führen kann. Es ist am besten, das Training so positiv wie möglich zu halten und Bestrafung wann immer möglich zu vermeiden. Das nächste Kapitel wird besprechen, wie man mit unerwünschtem Verhalten umgeht, ohne deinem Hund zu schaden.

Einen Trainer engagieren

Hundetrainer sind eine unschätzbare Ressource, besonders wenn du mit deinem ersten Hund arbeitest. Ein Trainer wird dir beibringen, wie du deinen Hund trainierst, und dir die Fähigkeiten vermitteln, die du brauchst, um nach Abschluss der Kurse weiter mit deinem Goldendoodle zu arbeiten. Regelmäßige Kurse bieten Besitzern auch Motivation, häufig mit ihren Hunden zu üben, damit sie mit gemeisterten Fähigkeiten zur nächsten Lektion kommen können. In der Zwischenzeit bekommt dein Goldendoodle die Gelegenheit, mit neuen Menschen und Hunden zu interagieren. Es gibt mehr Vorteile beim Engagieren eines professionellen Trainers als nur Hundetraining.

Es gibt verschiedene Arten von Kursen und Trainern zur Auswahl. Die vielleicht häufigste Art des professionellen Trainings kommt von einem Gruppenkurs. Diese Kurse sind in verschiedene Fähigkeitsstufen und Trainingsbedürfnisse unterteilt. Diese Kurse bestehen in der Regel aus kleinen Gruppen von Hunden (und ihren Menschen) und treffen sich regelmäßig, bis der Kurs abgeschlossen ist. Sobald du einen Kurs abgeschlossen hast, kannst du dich entscheiden, zum nächsten überzugehen, was hilft, deinen strengen Trainingsplan aufrechtzuerhalten.

Eine andere Option ist, einen persönlichen Hundetrainer zu engagieren. Dies ist nützlich, wenn du einen Zeitplan hast, der es schwer macht, regelmäßige Kurse zu besuchen, oder wenn du ein spezifisches Problem hast, an dem du arbeiten möchtest. Diese Trainer sind teurer als die Gebühr, die du für einen Gruppenkurs zahlen würdest, aber es lohnt sich, wenn du spezifische Trainingsbedürfnisse hast, die du in einem traditionellen Trainingskurs nicht erfüllen kannst. Einige Hundetrainer kommen sogar zu dir nach Hause, um bei der Diagnose von Problemen im Verhalten deines Goldendoodles zu helfen oder arbeiten nach deinem Zeitplan für mehr Bequemlichkeit. Allerdings verpasst du wertvolle Sozialisierungszeit, besonders wenn dein Goldendoodle noch ein junger Welpe ist.

Verhalten des Besitzers

Ein übersehener Aspekt des Hundetrainings ist das Verhalten des Besitzers. Goldendoodles schauen zu ihren Besitzern auf, um zu wissen, wie sie denken und fühlen sollen. Wenn du also ruhig und positiv bist, werden sie ruhig sein. Wenn du frustriert oder ängstlich bist, werden sie denken, dass sie sich auch Sorgen machen müssen.

Hundetraining kann manchmal schwierig sein. Es wird Momente geben, in denen dein Goldendoodle einfach nicht kooperieren will. Oder es wird andere ablenkende Faktoren geben, die es deinem Hund schwer machen, sich auf sein Training zu konzentrieren. Dein Hund wird manche Kommandos im Handumdrehen lernen, während andere monatelange Übung erfordern werden. Da Hunde so unberechenbar und schwer zu erreichen sein können, wirst du irgendwann zwangsläufig Frustration empfinden. Es ist jedoch wichtig, deine Emotionen im Griff zu behalten. Wenn du während des Trainings frustriert wirst, mach eine Pause und komm darauf zurück, wenn du dich entspannt hast. Dein Goldendoodle braucht eine glückliche und positive Umgebung, um das Training voll zu genießen. Ein Hund, der gerne neue Tricks lernt, ist eine Freude, mit der man arbeiten kann, im Gegensatz zu einem Hund, der die Trainingszeit fürchtet und sie um jeden Preis vermeidet.

Sobald du die Grundlagen der Hundetrainingstheorie gemeistert hast, kannst du diese Konzepte auf jedes Kommando oder Verhalten anwenden. Es braucht ein wenig Zeit, um deinen Goldendoodle kennenzulernen, aber schon bald wirst du in der Lage sein, wie ein Hund zu denken. Beim Training deines Goldendoodles solltest du deinem Hund viele Belohnungen geben, damit er darauf konditioniert wird, die Kommandos auszuführen. Futter und Spielzeug sind großartige Belohnungen, aber vergiss nicht, sie mit akustischen Markern zu kombinieren, die verwendet werden können, wenn dir die Leckerlis ausgehen. Vergiss schließlich nicht, deine Ressourcen zu nutzen. Es gibt viele großartige Hundetrainer da draußen mit einem reichen Wissensschatz. Die richtigen Ressourcen und die richtige Einstellung werden das Hundetraining einfach und spaßig machen.

KAPITEL 11
Umgang mit unerwünschtem Verhalten

„Ich habe festgestellt, dass der Jagdtrieb eines Goldendoodles eine Eigenschaft ist, die meist unerwünscht ist. Dies kann sich darin äußern, dass es Schwierigkeiten mit felinen Familienmitgliedern sowie anderen kleinen Haustieren gibt."

Laura Chaffin
Cimarron Frontier Doodles

Irgendwann in der Beziehung mit deinem Goldendoodle wird er etwas tun, was dir nicht gefällt. Es kann so einfach sein wie ein Loch in deinem Garten zu graben oder so ernst wie Aggression gegenüber anderen Haustieren zu zeigen. Egal, was das Problem ist, schlechtes Verhalten sollte sofort und häufig korrigiert werden. Das Leben ist einfach leichter, wenn dein Hund ein guter Mitbürger und ein gutes Familienmitglied ist. Dieses Kapitel behandelt die verschiedenen schlechten Verhaltensweisen, die du möglicherweise beobachten wirst, und gibt dir Ideen, wie du diese Probleme lösen kannst.

Foto von Nikolaj Schmidt Jensen

Was ist schlechtes Verhalten bei Hunden?

Schlechtes Verhalten liegt oft im Auge des Betrachters. Tolerierbares Hundeverhalten unterscheidet sich von Haushalt zu Haushalt. Bei menschlichen Kindern müssen Eltern entscheiden, wie sie möchten, dass sich ihre Kinder verhalten, und sie dann konsequent zu diesem bestimmten Standard erziehen. Die Erziehung eines Hundes ist in dieser Hinsicht ähnlich, aber die Probleme sind ganz andere!

Manche Hundebesitzer tolerieren bestimmte Verhaltensweisen nicht, während andere mit ihren Goldendoodles nachsichtiger sind. Ein

Besitzer könnte zum Beispiel sehr streng sein, wenn sein Hund bellt, während ein anderer es durchgehen lässt, wenn sein Hund im Garten ist. Oder ein Besitzer verbietet seinem Hund, auf die Couch zu springen, während ein anderer es bevorzugt, wenn sein Hund nachts mit ihm kuschelt. Bei solch harmlosen Verhaltensweisen bist du keineswegs ein schlechter Hundebesitzer, wenn du etwas Ungezogenheit durchgehen lässt. Ein Teil der Hundehaltung besteht darin, seine Kämpfe zu wählen, besonders bei einer intelligenten Rasse wie dem Goldendoodle, der vielleicht seine eigenen Regeln aufstellen möchte.

Unerwünschte Verhaltensweisen können nach ihrem Schweregrad kategorisiert werden. Störende Verhaltensweisen sind alle unerwünschten Verhaltensweisen, die kleinere Unannehmlichkeiten verursachen. Bellen, auf Menschen springen und um Essensreste betteln sind alles Beispiele für störende Verhaltensweisen. Dies sind die Verhaltensweisen, bei denen der Besitzer entscheiden kann, welche erlaubt sind und welche nicht.

Destruktive Verhaltensweisen sind solche, die Eigentum zerstören. Graben und Kauen sind die Hauptübeltäter in dieser Kategorie. Dies sind die Arten von Hundeaktivitäten, die den Hundebesitzer mehr an Haushaltsschäden kosten können als die Hundepflege selbst. Während alle Hunde kauen werden, ist die Zerstörung von Eigentum äußerst vermeidbar.

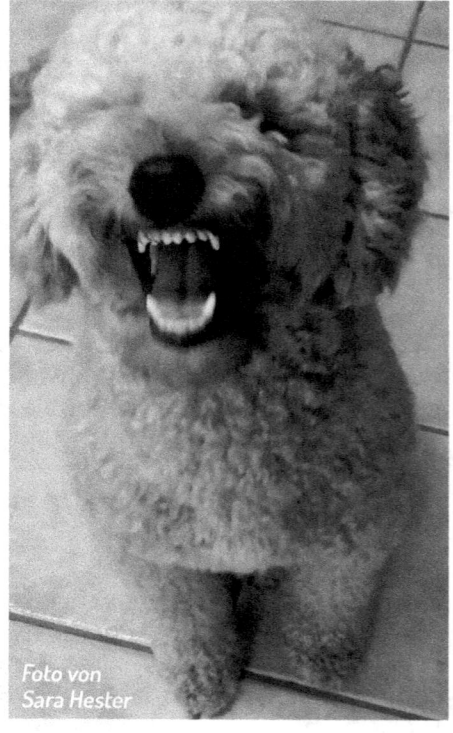

Foto von
Sara Hester

Schließlich sind gefährliche Verhaltensweisen solche, die deinen Hund und andere einem Verletzungsrisiko aussetzen. Diese Verhaltensweisen sind ernst und erfordern sofortige Aufmerksamkeit. Autos jagen, weglaufen, kämpfen und jegliche Anzeichen von Aggression fallen unter diese Kategorie. Verhaltensweisen, die deinen Hund zu einem Risiko für andere machen, müssen sofort behandelt werden, sonst könnten die Folgen extrem sein. Das Letzte, was du willst, ist, dass dein Hund jemanden verletzt und du dafür verantwortlich bist.

In den ersten Tagen, in denen dein Goldendoodle bei dir zu Hause ist, überlege, welche Verhaltensweisen du vermeiden möchtest, und nimm dir etwas zusätzliche Zeit, um die Gewohnheiten und Eigenheiten deines Hundes zu beobachten. Auf diese Weise kannst du einen Plan erstellen, wie du mit diesen Problemen umgehen willst, damit du nicht verzweifelst, wenn dein Hund plötzlich deine Sofakissen zerreißt.

Die Ursache des Problems finden

Hundetraining erfordert, dass du wie ein Hund denkst. Du hast vielleicht keine Ahnung, warum dein Hund aus dem Fenster starrt und absolut grundlos bellt, aber das liegt daran, dass du den Postwagen, der vier Häuserblocks entfernt ist, nicht hören kannst. Du bist vielleicht verblüfft darüber, wie dein Welpe möglicherweise durch die Beine deiner Esszimmerstühle kauen konnte, aber du vergisst, dass sie gelangweilt sind, wenn du den ganzen Tag weg bist, und sie zahnen. Einige Hundeverhaltensweisen werden für dich keinen Sinn ergeben, bis du innehältst und über die Ursache nachdenkst. Es braucht einige Zeit, um den Gedankengang deines Hundes kennenzulernen, aber du wirst schließlich lernen, die Welt durch ihre Augen zu sehen. Dann kannst du herausfinden, was sie aufregt, und Wege finden, sie ruhig zu halten.

Wenn dein Hund Probleme im Umgang mit Menschen oder anderen Hunden hat, liegt das Problem vielleicht in der Art und Weise, wie er sozialisiert wurde. Diese Probleme können bei adoptierten Hunden häufiger auftreten, weil jemand anderes für die Sozialisierungsarbeit verantwortlich war. Außerdem wurde dein adoptierter Hund möglicherweise abgegeben, weil er in einem Zuhause mit anderen Hunden oder kleinen Kindern nicht gut zurechtkam. Außerdem weißt du nie, welche Art von Pflege dein Hund in seinem vorherigen Zuhause erhalten hat. Es ist durchaus möglich, dass Vernachlässigung oder Misshandlung Angst oder Abneigungen verursacht haben.

Einige schlechte Verhaltensweisen sind das Ergebnis des Hundeinstinkts. Wenn dein Hund überall in deinem Garten Löcher gräbt, kannst du einen bestimmten Grund für dieses Verhalten ableiten? Einige Hunde graben, weil sie versuchen, Tiere im Boden zu jagen, während andere ein Nest graben, um bei heißen Temperaturen kühl zu bleiben. Dein Hund versucht wahrscheinlich nicht, absichtlich ungezogen zu sein, sondern handelt auf eine Weise, die mit seinem Überlebensinstinkt übereinstimmt.

Goldendoodles sind gut darin, mit den Emotionen ihres Besitzers in Einklang zu sein. Diese Rasse ist im Allgemeinen darauf bedacht zu gefallen, also sind sie nicht böse, um dich zu ärgern oder so etwas. Hunde müssen lernen, wie sie sich im menschlichen Zuhause verhalten sollen, das ganz andere Regeln hat als der Hundebau. Es braucht einige Zeit, um diese schlechten Verhaltensweisen zu korrigieren, aber sobald du die Gründe für ihre Handlungen verstehst, ist es einfacher, sie zu korrigieren.

Prävention von schlechtem Verhalten

Wenn es darum geht, mit schlechtem Verhalten umzugehen, ist es einfacher, es zu verhindern, als es zu korrigieren. Manchmal bringen Besitzer ihrem Hund unwissentlich schlechte Verhaltensweisen bei und haben dann Schwierigkeiten, sie zu korrigieren. Du möchtest deinen Goldendoodle wie ein Familienmitglied behandeln, aber es ist wichtig, über die möglichen Konsequenzen bestimmter Handlungen nachzudenken.

Foto von
Jewell
Jewels Puppy Paws

Zum Beispiel möchtest du deinem Hund vielleicht Essensreste vom Tisch geben. Dein Welpe schaut dich vielleicht mit seinen großen Augen an, während du isst, und du gibst deinem Hund einen Happen von deinen Resten. Schließlich reduziert es Lebensmittelabfälle und macht deinen besten Freund sehr glücklich. Aber dann beginnt dein Hund, unter dem Tisch zu hängen, während du isst, zu winseln und um Futter zu betteln. Er könnte sogar auf die Arbeitsplatte springen, während du kochst, und Zutaten stehlen, weil er weiß, dass er Menschenessen fressen darf. Schließlich wird dieses Betteln zu einem Problem, besonders wenn du Gäste hast und sie nicht in Ruhe essen können, weil dein Goldendoodle ständig unter dem Tisch winselt und mit den Pfoten scharrt. All das schlechte Verhalten hätte vermieden werden können, indem du beschließt, das Füttern von Tischresten zu verbieten.

Einige Verhaltensweisen können so weit vorhergesagt werden, dass du deinem Hund bestimmte Verhaltensweisen beibringen kannst, um schlechten entgegenzuwirken. Es ist üblich, dass Hunde bellen oder zur

Tür stürmen, wenn die Türklingel läutet. Es ist nur natürlich, dass dein freundlicher Vierbeiner die Person begrüßen oder dir mitteilen möchte, dass jemand an der Tür ist. Leider kann dieses Verhalten für dich und die Leute, die dein Haus besuchen, störend sein. Es kann deinen Hund auch in einen Rausch versetzen, weil es so aufregend ist, wenn jemand an die Tür kommt. Noch schlimmer ist, dass manche Besitzer mit ihrem Hund in einer schrillen, aufgeregten Stimme sprechen, wenn jemand da ist, wodurch der einfache Akt des Türöffnens zu einer großen Sache wird.

Anstatt deinem Hund beizubringen, sich aufzuregen, wenn jemand an die Tür kommt, kann ein Besitzer seinem Hund beibringen, sich auf sein Bett zu legen oder einfach beim Klang der Türklingel hinzusetzen. Dies kann getan werden, bevor jemals ein Besucher ankommt. Auf diese Weise musst du dir keine Sorgen machen, dass dein Hund sie überfällt, wenn jemand vorbeikommt.

Du kannst nicht immer vorhersagen, wie sich dein Goldendoodle verhalten wird, aber mit etwas Vorausdenken kannst du möglicherweise kontrollieren, wie deine Handlungen deinen Vierbeiner beeinflussen. Goldendoodles suchen bei ihren Menschen nach Orientierung, daher werden viele der Dinge, die du tust, einen direkten Einfluss auf ihr Verhalten haben.

Wie man seinen Hund richtig korrigiert

Während es einfach ist, einem Kind zu erklären, dass das Laufen in den Verkehr gefährlich ist und dass du es schimpfst, weil du nicht willst, dass es verletzt wird, ist es schwer, diese Gefühle einem Hund zu vermitteln, der deine Sprache nicht sprechen kann. Hunde lernen durch Konditionierung, nicht durch Argumentation, daher musst du die richtigen Taktiken anwenden, um schlechtes Verhalten zu korrigieren.

Beim Umgang mit schlechtem Verhalten ist es natürlich, sich über deinen Hund zu ärgern oder verärgert zu sein, besonders wenn er etwas besonders Ungezogenes getan hat. Es ist jedoch niemals akzeptabel, deinen Hund zu schlagen oder ihn anzuschreien. Anstatt deinem Hund beizubringen, sich richtig zu verhalten, werden Angst und Schmerz nur dazu führen, dass dein Hund dich meidet, und könnten zu weiteren schlechten Verhaltensweisen führen, die aus Verzweiflung getan werden. Geduld und ein kontrolliertes Temperament sind wichtig beim Umgang mit schlechtem Verhalten.

Um schlechtes Verhalten zu korrigieren, musst du es zuerst erkennen. Dies erfordert viel Aufmerksamkeit vom Besitzer. Das Korrigieren deines Hundes, nachdem er das Verhalten abgeschlossen hat, ist nicht effektiv, daher musst du deinen Hund korrigieren, indem du ihn unterbrichst. Du kannst dies tun, indem du seine Aufmerksamkeit mit einem lauten Klatschen oder einem festen „Hey!" erregst. Wenn dein Hund seinen Fokus auf das schlechte Verhalten unterbricht, leite ihn sanft zu etwas Geeigneterem um oder gib ihm Lob und Leckerlis, wenn er aufhört.

Kauen ist ein schlechtes Verhalten, das umgeleitet werden kann. Wenn du deinen Welpen dabei erwischst, wie er am Rand des Couchtisches knabbert, klatsche laut und errege seine Aufmerksamkeit. Sobald er aufhört und dich ansieht, gib ihm stattdessen einen Knochen zum Kauen. Wenn er den Knochen annimmt, lobe ihn ausgiebig. Du wirst diesen Prozess ein paar Mal wiederholen müssen, aber dein Hund sollte schließlich die Holzmöbel aufgeben und nach den Spielzeugen suchen, wenn er den Drang zum Kauen verspürt.

Oder manchmal besteht die Korrektur nur darin, das schlechte Verhalten zu stoppen und es durch einen neuen Befehl zu ersetzen. Wenn dein Hund viel bellt, möchtest du vielleicht darauf aufmerksam machen, indem du in die Hände klatschst und die Aufmerksamkeit deines Hundes auf dich lenkst. Wenn sie erschrecken, hören sie wahrscheinlich auf zu bellen, um herauszufinden, was los ist. Wenn sie ruhig sind, sage „gut, kein Bellen" und gib ihnen ein Leckerli. Auf diese Weise bringst du ihnen bei, dass du es magst, wenn sie ruhig sind, im Gegensatz zum Bellen. Es kann schwierig sein, schlechte Gewohnheiten zu korrigieren, aber wenn du beim Training bleibst, wird dein Hund lernen, seine schlechten Verhaltensweisen durch akzeptablere zu ersetzen.

Wann man einen Profi rufen sollte

Training ist herausfordernd, aber es kann noch schwieriger sein, wenn du Hunden beibringst, etwas nicht zu tun. Mische diese Herausforderung mit der Tatsache, dass schlechte Verhaltensweisen dich wahnsinnig machen, und es ist keine Überraschung, dass sich Menschen über ihre Haustiere ärgern und letztendlich aufgeben, zu versuchen, ihre Verhaltensweisen zu ändern. Es ist keine Schande, Hilfe zu holen, wenn du Schwierigkeiten mit deinem Hund hast. Tatsächlich macht es dich zu einem besseren Hundebesitzer, weil du möchtest, dass dein Hund sein Bestes gibt!

Wenn du Kurse mit deinem Goldendoodle besuchst, ist ein Trainer eine ausgezeichnete Ressource. Sie behandeln vielleicht nicht, wie man bestimmte Ärgernisse im Gehorsamkeitstraining korrigiert, aber dein Trainer wird mehr als glücklich sein, deinen Problemen zuzuhören und Ratschläge zu geben. Diese Trainer sind erfahren und haben in Bezug auf

Hundeverhalten alles gesehen, daher werden sie wahrscheinlich einige Ideen zur Identifizierung von Problemen oder zur Korrektur von Verhaltensweisen haben.

Wenn dein Hund in Gefahr ist, eine Person oder einen anderen Hund zu verletzen, ist es unbedingt erforderlich, dass du etwas dagegen unternimmst. Aufgrund des hohen Risikos möchtest du vielleicht einen persönlichen Hundetrainer engagieren, der sich auf diese Art von Verhalten spezialisiert hat. Auf diese Weise setzt du nicht eine ganze Klasse von Hunden einem Risiko aus, wenn deiner unruhig wird. Ein Tierarzt könnte auch feststellen, ob die Verhaltensweisen deines Hundes durch

Foto von
Bev Eckert
Hilltop Pups

einen medizinischen Zustand verursacht werden, der behandelt werden kann. Es ist selten, dass Goldendoodles solche aggressiven Eigenschaften zeigen, besonders wenn sie gut gezüchtet und gepflegt werden, aber Hunde können manchmal unberechenbar sein, und du möchtest sicherstellen, dass niemand jemals wegen deines Hundes in Gefahr gerät.

Deinem Hund beizubringen, Dinge nicht zu tun, kann schwieriger sein, als deinem Hund neue Tricks beizubringen. Beide verwenden jedoch ähnliche Taktiken. Du musst einen Weg finden, die Konditionierung zu deinem Vorteil zu nutzen. Lenke deinen Hund um, wenn er etwas Schlechtes tut, und belohne ihn, wenn er etwas gut macht. Sei dir schließlich über deine Grenzen bewusst. Wenn du so frustriert bist, dass du aus Wut handelst, rufe Verstärkung. Ein erfahrener Hundetrainer kann dir Tipps geben, wie du mit den unerwünschten Verhaltensweisen umgehen kannst, die dich verrückt machen. Es ist jedoch immer wichtig, daran zu denken, dass Goldendoodles nicht absichtlich versuchen, dich zu verärgern; sie lernen immer noch, wie man wie ein Mensch in deinem Zuhause lebt.

KAPITEL 12
Grundlegende Kommandos

Es gibt unzählige Tricks, die du deinem Goldendoodle beibringen kannst, aber einige sind wichtiger als andere. Deinem Hund beizubringen, sich zu rollen, macht zwar viel Spaß, ist aber keine Fähigkeit, die dir hilft, wenn du deinen Hund in Sicherheit bringen oder ihn beruhigen musst. Es gibt einige grundlegende Kommandos, die jeder Hund kennen sollte, um ein guter Begleiter und ein gutes Familienmitglied zu sein. Sie dienen dazu, deinen Hund unter Kontrolle und sicher zu halten, und weitere Kommandos können auf diesem Grundwissen aufbauen. Sobald ihr diese Grundlagen gemeistert habt, könnt ihr zu den spaßigen und anspruchsvolleren Kommandos übergehen.

Vorteile einer richtigen Ausbildung

Einen Goldendoodle zu besitzen ist an sich schon ein Vergnügen, aber das Leben wird so viel einfacher, wenn dein Hund tatsächlich das tut, was du von ihm möchtest. Du wirst erstaunt sein, wie viel besser eure Beziehung wird, wenn ihr nicht ständig um die Kontrolle kämpft. Es macht keinen Spaß, wenn du einen schönen Spaziergang machen möchtest, dein Goldendoodle dich aber ständig in alle möglichen Richtungen zieht. Genauso wenig ist es angenehm, wenn dein Hund sich losreißt und so weit wie möglich von dir wegläuft. Mit der richtigen Ausbildung kannst du deinen Hund sicher an deiner Seite halten.

Ein gehorsamer Hund ist ein Hund, der überall hin mitkommen kann. Ein Hund, der weiß, wie er auf dich hören soll, kann dich in Bars und Restaurants begleiten und die Aufmerksamkeit genießen, die diese Rasse bekommt. Ein wohlerzogener Hund kann im Hundepark frei umherlaufen und kommt zuverlässig zurück, wenn es Zeit ist zu gehen. Ein gut ausgebildeter Hund kann stillsitzen, wenn du anhältst, um deinen Schuh zu binden, oder kann den toten Vogel fallen lassen, den er im Garten gefunden hat.

Intelligente Hunde wie der Goldendoodle brauchen ausreichend geistige Anregung, sonst wird ihnen langweilig. Gelangweilte Hunde geraten oft in Schwierigkeiten, wenn sie versuchen, sich selbst zu beschäftigen. Training ist eine großartige Möglichkeit, den Geist deines Hundes zu beschäftigen. Es macht viel Spaß zu beobachten, wie dein Hund nachdenkt, während er versucht, deinen verbalen und nonverbalen Signalen zu folgen.

Orte zum Üben

Ein Fehler, den Hundebesitzer bei der Ausbildung ihres Hundes machen, ist, nur zu Hause mit ihrem Vierbeiner zu arbeiten. Diese Besitzer beherrschen vielleicht bestimmte Übungen mit ihrem Hund im Wohnzimmer, aber der Hund führt das Kommando außerhalb des Hauses, wenn es darauf ankommt, nicht aus. Goldendoodles reagieren empfindlich auf ihre Umgebung; die Ablenkungen draußen sind viel größer als die begrenzten Ablenkungen in ihrem gewohnten Territorium. Um deinen Hund also zu trainieren, Kommandos in verschiedenen Situationen

Foto von
Jennifer Yu

erfolgreich auszuführen, musst du den Übungsort regelmäßig wechseln.

Das Zuhause ist ein guter Ausgangspunkt, da es nur wenige Ablenkungen gibt. Dein Zuhause hat vertraute Anblicke, Geräusche und Gerüche, sodass sich dein Hund während des Trainings nicht ablenkt. Hier solltest du neue Kommandos einführen und üben, solange die Informationen noch frisch sind.

Sobald dein Hund ein Kommando beherrscht, nimm ihn mit an einen neuen Ort. Es ist jedoch gut, langsam anzufangen. Es gibt einen großen Unterschied zwischen deiner Küche und einem belebten Hundepark. Wenn ihr drinnen geübt habt, ist der nächste Schritt, im Garten oder auf der Einfahrt zu üben. Sobald dein Hund Fortschritte zeigt, suche dir eine Grünfläche auf einer eurer Spazierrouten und übe dort die neuen Fähigkeiten. Wenn sie beweisen, dass sie auf dich hören können, nimm sie mit zum belebten Hundepark oder in die Einkaufspassage. Fordere deinen Hund immer wieder heraus, bis er Kommandos auch an Orten mit vielen Ablenkungen erfolgreich ausführen kann. Am Ende ist dein Ziel, deinen Hund auf jede Situation vorzubereiten. Wenn er zu dir kommt, obwohl er von aufregenden Ablenkungen umgeben ist, dann hat er das Kommando gemeistert.

Grundlegende Kommandos

Von all den möglichen Kommandos, die du einem Hund beibringen kannst, gibt es eine Handvoll, die nützlicher sind als der Rest. Diese grundlegenden Kommandos sollen deinen Hund aufmerksam halten und vor Schwierigkeiten bewahren. Außerdem bieten diese Kommandos eine solide Grundlage, auf der du weiteres Wissen aufbauen kannst. Ein Hund muss zum Beispiel lernen, sich hinzulegen, bevor er lernen kann, sich zu rollen. Aber sobald er gelernt hat, sich hinzulegen, kann er eine ganze Reihe neuer Kommandos lernen, die aus der Liegeposition beginnen.

Auch wenn du nicht vorhast, deinen Goldendoodle zu einem Trick-Meister auszubilden, gibt es dennoch Fähigkeiten, die er beherrschen muss, um das Leben mit einem Hund angenehm zu gestalten. Die folgenden Tricks solltest du deinem Hund mindestens beibringen. Es ist großartig, deinen Hund weiterhin herauszufordern, aber wenn du nur Zeit und Geduld hast, eine Handvoll Kommandos beizubringen, solltest du dich auf diese konzentrieren.

Sitz

Das ist vielleicht das erste Kommando, das du deinem Hund beibringen wirst, weil es für Goldendoodles leicht zu erlernen und einfach zu vermitteln ist. Selbst ein kleiner Welpe kann lernen, wie man sitzt, auch wenn er die Position vielleicht nicht sehr lange halten kann. Dieses Kommando kann in so vielen verschiedenen Situationen eingesetzt werden. Wenn dein Hund einen Moment warten oder sich beruhigen soll, ist „Sitz" ein gutes Kommando, um ihn ruhig und still zu halten.

Um dieses Kommando zu lehren, sollte dein Hund in einer stehenden Position sein. Halte ein Leckerli in deiner Hand und bewege es über und leicht hinter seine Nase. Er sollte dem Leckerli mit seiner Nase folgen, was ihn auf natürliche Weise zum Sitzen bringt. Wenn das nicht funktioniert, kannst du sanft deine Hand auf sein Hinterteil legen und leichten Druck ausüben, um ihm zu zeigen, was du von ihm möchtest. Sobald er die Sitzposition eingenommen hat, gib ihm ein Leckerli und viel Lob. Nachdem ihr die Bewegung gemeistert habt, beginne damit, das Kommando „Sitz" zu sagen, bevor er sich hinsetzt. Wenn er dieses Kommando ausführt, bedeutet das, dass er sitzen bleibt, bis du ihm weitere Anweisungen gibst oder ihn mit „okay" freigibst.

Platz

Sobald du „Sitz" beigebracht hast, solltest du es mit „Platz" versuchen. Das wird schwieriger sein als das Sitz-Kommando, weil dein Hund sich möglicherweise unwohl fühlt, wenn er sich auf Kommando auf den Boden legen soll. Aber das ist nützlich für Zeiten, in denen du möchtest, dass dein Hund sich etwas länger entspannt, als wenn du ihn in eine Sitzposition bringen würdest. Es dauert auch etwas länger, bis er aus einer Platz-Position in Aktion treten kann, so dass es ihm in Kombination mit einem „Bleib" mehr Zeit gibt, sich zu beruhigen.

Um dies zu lehren, beginne mit deinem Hund in der Sitzposition. Halte das Leckerli vor seine Nase und bewege es dann langsam zum Boden. Er wird dem Leckerli mit der Nase folgen, aber wenn es zu nah am Boden ist, wird er seinen Körper natürlich absenken. Du möchtest, dass dein Hund ganz auf den Boden geht. Wenn er nur halb runtergeht, ist es für ihn leicht, wieder hochzuspringen. Sobald er auf dem Boden ist, gib ihm sein Leckerli und Lob.

Wenn er Schwierigkeiten hat, dem Leckerli zu folgen, kannst du versuchen, ihn sanft mit seiner Leine in Position zu bringen. Versuche nicht, zu ziehen oder ihn nach unten zu zwingen. Stattdessen übe sanften Druck nach unten auf die Leine aus, während du das Leckerli vor seinem Gesicht bewegst, um ihm zu zeigen, wie er in die Platz-Position kommt. Sobald du ihn dort hast, wo du ihn haben möchtest, gib ihm Leckerlis und Lob.

Bleib

Dieses Kommando kann eine Herausforderung sein, besonders wenn du einen aktiven Welpen mit kurzer Aufmerksamkeitsspanne hast. Es kann jedoch sehr nützlich sein, wenn dein Goldendoodle gerne herumstreift und in Schwierigkeiten gerät. Das Bleib-Kommando ist nützlich, weil dein Hund, wenn es richtig ausgeführt wird, an Ort und Stelle verharrt, bis er weitere Anweisungen erhält. Wenn du dich in einer Situation befindest, in der du deinen Hund für einen Moment verlassen musst und nicht möchtest, dass er dir folgt, wird dieses Kommando sehr praktisch sein.

Um dies zu lehren, beginne mit deinem Hund in der „Sitz"-Position. Dies gibt ihm den Hinweis, dass er eine bestimmte Aktion ausführen soll. Halte deine Hand wie ein Stoppschild vor sein Gesicht und sage „Bleib". Gehe einige Schritte zurück, während du deine Handfläche ausgestreckt hältst, warte einen Moment und kehre dann zurück. Wenn er bei deiner Rückkehr immer noch regungslos ist, gib ihm seine Belohnung. Wenn er die Position verlässt, bringe ihn wieder in die Sitz- und Bleib-Position und versuche es erneut.

Wenn du anfängst, gehe nicht mehr als ein paar Schritte weg. Natürlich wird er dir folgen wollen. Mit der Zeit vergrößere den Abstand zwischen dir und deinem Welpen. Du kannst auch herausfordernde Variablen hinzufügen, wie deinen Rücken zu deinem Hund zu drehen, den Raum zu verlassen und sogar um ihn herumzugehen. Wenn du große Entfernungen in ablenkenden Umgebungen üben möchtest, kaufe eine sechs Meter lange Leine, um deinem Hund etwas mehr Abstand zu geben, während du noch etwas Kontrolle über ihn behältst.

Wenn dein Hund wirklich Schwierigkeiten hat, still zu bleiben, übe dieses Kommando an der Leine. So kannst du die Leine fallen lassen und einen Fuß daraufstellen, wenn er anfängt aufzustehen. Dies sollte sich „selbst korrigieren" und es für ihn schwieriger machen, sich zu bewegen. Oder du könntest sogar langsamer beginnen, indem du ihn in eine Bleibposition bringst und dich einfach von seiner Seite vor ihn bewegst. Wenn er dann stillhalten kann, stell dich ihm gegenüber und gehe rückwärts. Anfangs wird dein Goldendoodle dir folgen und an deiner Seite bleiben wollen. Mit der Zeit wird er verstehen, dass du zurückkommen wirst, und er wird sich etwas entspannen.

Komm

Die Fähigkeit, deinen Hund zurückzurufen, ist so wichtig. Ab und zu macht dein Hund etwas, das er nicht tun sollte, und du brauchst eine Möglichkeit, ihn an deine Seite zu holen. Oder du gerätst in eine gefährliche Situation und musst deinen Hund schützen oder ihn aus dem Weg halten. Wenn dein Goldendoodle gerne wandert, dann kann das „Komm"-Kommando sein Leben retten.

Um dies zu lehren, bringe deinen Hund in eine Sitz- und Bleib-Position. Wenn du ein paar Meter entfernt bist, rufe deinen Hund zu dir. Wenn du ein Leckerli in der Hand hast, wird dein Goldendoodle wahrscheinlich deine begeisterte Stimme hören, deine offenen Arme sehen und auf dich zustürmen. Wenn dein Hund zu dir kommt, lege eine Hand an sein Halsband, damit er nicht wegläuft, und gib ihm ein Leckerli.

Wenn er nicht direkt auf dich zuläuft, versuche, ihn mit seiner Leine anzustupsen. Wenn dein Hund in der Sitz- und Bleib-Position ist, nimm die Leine mit und rufe deinen Hund. Wenn er nicht sofort zu dir kommt, gib einen sanften Zug. Dies sollte seine Aufmerksamkeit auf dich lenken und ihn dazu bringen, sich dir zu nähern. Er wird eher zu dir kommen, wenn du mit Leckerlis und Lob auf ihn wartest.

Da du möchtest, dass dein Hund jedes Mal zu dir kommt, vermeide es, ihn zu rufen, nur um ihn anzuschreien. Unsere Hunde tun Dinge, die uns frustrieren, aber das „Komm"-Kommando sollte nicht verwendet werden, um deinen Hund zur Bestrafung zurückzurufen. Wenn dein Hund lernt, dass das Reagieren auf „Komm" nicht immer eine positive Erfahrung ist, wird er es nicht tun wollen. Wenn er einen unzuverlässigen Rückruf hat, wird er möglicherweise nicht auf dich reagieren, wenn es wirklich darauf ankommt. Aus diesem Grund, wenn dein Hund zu dir kommt, stelle sicher, dass du ihm viel Zuneigung und Lob gibst, damit er dies weiterhin tut.

Leinentraining

Goldendoodles lieben es, mit ihren Menschen spazieren zu gehen. Es ist eine großartige Möglichkeit, etwas Bewegung zu bekommen und gleichzeitig Qualitätszeit miteinander zu verbringen. Wenn dein Hund jedoch nicht sehr gut an der Leine läuft, werden Spaziergänge zu einer mühsamen Aufgabe, die dich frustriert zurücklässt. Von dem Moment an, in dem du die Leine an das Halsband deines Hundes klickst, ist es Zeit, gute Gehgewohnheiten zu üben. Je mehr du mit deinem Hund in den ersten Tagen an der Leine trainierst, desto glücklicher wirst du auf lange Sicht sein. Es ist für Hunde nicht natürlich, direkt neben dir an der Leine zu laufen, besonders wenn sie neugierig sind und gerne erkunden. Qualitativ hochwertiges Training ist notwendig, um deinem Hund beizubringen, wie er sich bei Spaziergängen höflich verhält.

Zu Beginn sollte dein Hund auf deiner linken Seite positioniert sein. Er sollte in einer Linie mit dir gehen, nicht zu weit voraus und nicht hin-

Foto von
Jen Halbett

terherhinkend. Es sollte keine Spannung in der Leine geben; sie sollte locker zwischen euch hängen. Wenn du anhältst, sollte dein Hund anhalten und sich neben dich setzen. Wenn du dich umdrehst, sollte dein Hund sich mit dir drehen, beschleunigen oder verlangsamen, um auf deiner linken Seite zu bleiben. Leichter gesagt als getan, oder?

Es braucht viel Übung, damit dein Hund schön läuft. Es ist leicht, das Training aufzugeben und deinen Hund die Kontrolle übernehmen zu lassen, während er seine Bewegung bekommt, aber dieses Verhalten wird sehr schnell alt. Gutes Leinentraining wird deinen Hund im Zaum halten und Spaziergänge viel angenehmer machen.

Bevor du auf deinen Spaziergang gehst, bringe deinen Hund dazu, sich auf deine linke Seite zu setzen. Dies wird euren Spaziergängen Konsistenz verleihen, sodass dein Hund weiß, dass er Regeln zu befolgen hat. Außerdem wird es deinen Hund davon abhalten, hin und her zu laufen. Halte das Ende der Leine mit deiner rechten Hand und lasse deine linke Hand an der Leine entlang gleiten, um deinen Hund nahe zu halten. Halte auch viele Leckerlis bereit, denn du musst jedes Mal Belohnungen verteilen, wenn dein Hund schön läuft.

Sage „Komm mit" und mache ein paar Schritte vorwärts. Wenn er neben dir läuft, ohne zu ziehen, gib ihm viel Lob und ein Leckerli. Es hilft, mit deinem Hund zu sprechen, während du gehst, damit er sich auf dich konzentriert. Erzähle ihm, wie gut er ist. Wenn du mit deinem Hund sprichst, sollte er zu dir aufschauen. Ein Hund, der dich beim Gehen anschaut, wird bei dir nach Anleitung suchen. Wenn er anfängt zu ziehen oder abgelenkt wird, gib einen schnellen Zug an der Leine, um ihn daran zu erinnern, was er tun muss. Ziehe nicht zu stark und schleppe deinen Hund nicht. Stattdessen wird ein kurzer Ruck helfen, ihn in der Linie zu halten, ohne ihn zu verletzen. Wenn die Leine wieder locker ist, lobe und belohne ihn.

Sobald ihr das Gehen gemeistert habt, übe, dein Tempo zu ändern. Verlangsame und weise deinen Hund an, dasselbe zu tun. Oder beschleunige und bringe deinen Hund wirklich in Bewegung. Übe Rechtskurven, Linkskurven und Kehrtwendungen. Halte plötzlich an und lass deinen Hund neben dir sitzen. Weise deinen Hund an, an Kreuzungen zu warten, oder einfach mitten auf dem Gehweg, während du deinen Schuh bindest. Integriere verschiedene Ereignisse in deinen Spaziergang, um reale Szenarien zu üben, die bei deinem Spaziergang auftreten könnten. Die ganze Zeit über sollten die Schultern deines Hundes in einer Linie (oder sehr nahe) mit deinem Bein sein.

Manchmal haben Hunde wirklich Schwierigkeiten, an der Leine zu laufen. Ziehen ist ein ernstes Problem, das Spaziergänge zur Qual machen kann. Wenn dein Hund schwierig ist, gibt es verschiedene Geschirre und Halsbänder zum Ausprobieren. Wenn du ein Geschirr wählst, nimm eines mit dem Leinenbefestiger an der Vorderseite. Auf diese Weise kann dein Hund nicht ziehen, ohne sich zu dir zu drehen. Vermeide Geschirre, die von hinten angebracht werden, denn das macht es für sie nur bequemer, dich die Straße entlang zu ziehen. Einige Trainer verwenden Zugstopphalsbänder für ernste Fälle, weil sie dem Hund ermöglichen, sich selbst zu korrigieren, ohne sich zu verletzen. Es ist jedoch wichtig, positives Training neben jeder Art von Selbstkorrekturmethode einzusetzen. Würgehalsbänder können die Kehle eines Hundes verletzen, wenn er zu stark zieht, und sollten vermieden werden. Idealerweise sollte das flache Halsband bei allen Hunden verwendet werden, aber manchmal müssen andere Maßnahmen ergriffen werden, um dich und deinen Hund bei einem Spaziergang sicher zu halten. Wenn du ernsthafte Probleme mit Spaziergängen hast, sprich mit einem Trainer, um dir mit deinem schwierigen Hund zu helfen. Sie könnten einige Einblicke haben, wie du deine Trainingspraktiken verbessern kannst.

Denke bei Spaziergängen daran, deinem Hund häufig Feedback zu geben. Lass ihn wissen, wann er gute Arbeit leistet, und korrigiere ihn, wenn er nicht so gut ist. Bringe viele Leckerlis und Wasser für Spaziergänge bei heißem Wetter mit, wenn ihr eure täglichen Spaziergänge macht, um deinen Hund zu ermutigen, neue Orte zu erkunden und sich von seiner besten Seite zu zeigen. Mit viel harter Arbeit wirst du die besondere Tageszeit lieben, wenn du und dein Kumpel gemeinsam Zeit in der Natur genießen könnt.

Wenn du deinen Goldendoodle nur in diesen fünf Bereichen trainierst, wirst du einen vielseitigen, wohlerzogenen Hund haben. Es gibt jedoch keinen Grund aufzuhören, wenn ihr diese wenigen Fähigkeiten gemeistert habt! Nutze diese Kommandos als Basis und arbeite an fortgeschritteneren Fähigkeiten, damit du den Geist deines Hundes aktiv halten kannst. Denke daran, diese Grundlagen regelmäßig zu üben. Konditionierung erfordert Wiederholung, also wirst du durch kontinuierliches Üben derselben Fähigkeiten in verschiedenen Umgebungen die Chancen erhöhen, dass dein Hund beim ersten Kommando jedes Mal reagiert.

KAPITEL 13
Fortgeschrittene Kommandos

Sobald du die Grundkommandos beherrschst, hör nicht auf! Goldendoodles sind für ihre Intelligenz bekannt. Wenn ein Hund in die Routine kommt, neue Kommandos zu lernen, verhält er sich oft besser, als wenn er sich selbst überlassen wird. Indem du regelmäßig neue Kommandos einführst, kannst du deinen Hund im „Arbeitsmodus" halten, bis dir die Tricks ausgehen.

Mit etwas mehr Freiheit bei den Kommandos, die du beibringen kannst, sobald die Grundlagen sitzen, kannst du anfangen, Tricks einzubauen, die keinen praktischen Nutzen haben – außer Spaß. Dennoch gibt es noch viele anspruchsvolle, nützliche Kommandos, die du deinem Goldendoodle beibringen kannst. Dieses Kapitel ist keineswegs eine umfassende Liste fortgeschrittener Kommandos, sondern lediglich einige Vorschläge, die du ausprobieren könntest, wenn dir die Ideen ausgehen.

Lass das

Dies ist eines dieser praktischen Kommandos, das du oft verwenden wirst, wenn dein Goldendoodle neugierig ist und gerne alles untersucht. Dein Hund möchte vielleicht seine Schnauze in alles stecken, was interessant aussieht, selbst wenn es gefährlich oder schmutzig ist. Obwohl es schön ist, deinem Hund zu erlauben, die Welt um euch herum zu erkunden, weißt du manchmal einfach, was das Beste für ihn ist. Dieses Kommando ist nützlich, wenn er sich auf etwas konzentriert, was er nicht sollte, wie einen lebenden Hasen, der deinen Hund bei eurem täglichen Spaziergang neckt, oder einen toten Hasen, den dein Hund aufheben möchte.

Um dieses Kommando beizubringen, nimm ein Leckerli oder ein Spielzeug, das dein Hund liebt. Lege es auf den Boden, mit deinem Fuß in der Nähe. Natürlich wird er auf die Belohnung zugehen, um sie zu nehmen. Wenn er näherkommt, bedecke das Leckerli mit deinem Fuß, sodass es nicht verfügbar ist. Zeige ihm, dass er nicht einfach jedes Leckerli vom Boden fressen kann, ohne deine Erlaubnis.

Versuche es erneut und fordere ihn auf, es liegen zu lassen. Wenn er auf das Leckerli zustürmt, sage „nein" und bedecke es. Wiederhole dies, bis er desinteressiert erscheint oder auf das Leckerli wartet. Wenn

Foto von
Stacy Borchert

KAPITEL 13 Fortgeschrittene Kommandos

er das Leckerli erfolgreich liegen lässt, markiere das Verhalten mit einem „ja" und gib ihm das Leckerli. Dieses Kommando sollte ihm beibringen, seine Konzentration zu unterbrechen, wenn du „lass das" sagst. Wenn dein Hund beginnt, dieses Kommando zu verstehen, kannst du ihm befehlen, es „liegen zu lassen" und ihm dann beibringen, es zu „nehmen". Du kannst „nimm" beibringen, indem du ihm eine Freigabe wie „okay, nimm" gibst und das Leckerli oder Spielzeug für ihn verfügbar machst. Jetzt hast du gegensätzliche Kommandos, die in realen Situationen oder beim Spielen nützlich sein können. Es macht viel Spaß zu beobachten, wie dein Hund seinen Instinkt überwindet, das zu nehmen, was er will, und es ist eine gute Übung im Gehorsam.

Aus

„Aus" ist ein Kommando, das deinem Hund das Leben retten kann, wenn du ihn in einer potenziell gefährlichen Situation erwischst. Hunde sind dafür bekannt, alle möglichen Nicht-Lebensmittel zu fressen. Manchmal sind die Dinge, die sie aufnehmen Erstickungsgefahren, wie ein Stock, oder machen sie krank, wie eine giftige Zimmerpflanze. Dieses Kommando stellt sicher, dass sie sofort loslassen, wenn du sie mit etwas erwischst, das sie nicht haben sollten. Oft wissen Hunde, wenn sie einen verbotenen Gegenstand besitzen, wollen ihn aber nicht hergeben. Hundebesitzer kennen nur zu gut den störrischen Blick in den Augen ihres Hundes, bevor er davonläuft, um seinen wertvollen Besitz zu behalten. Bei gründlichem Training wird dein Hund seinen Schatz auf dein Kommando aufgeben.

Dieses Kommando kann während der Spielzeit als Teil eines lustigen Spiels beigebracht werden. Wirf einen Ball und lass ihn apportieren. Wenn dein Hund ihn nicht automatisch abgibt, ist jetzt der Zeitpunkt, diese Fähigkeit zu vermitteln. Viele Hunde verstehen nicht, dass du möchtest, dass sie ihn loslassen, damit du den Ball erneut werfen kannst. Wenn dein Hund mit dem Ball im Maul vor dir steht, zeige ihm, dass du ein Leckerli hast. Er wird es fressen wollen, kann aber nicht, weil bereits ein Ball in seinem Maul ist. Wenn das Leckerli belohnender ist als der Ball, wird er den Ball zugunsten des Leckerlis fallen lassen. Wenn er das tut, sage „gut aus" und lobe ihn. Nach einigen Versuchen beginne, das Kommando zu verwenden, wenn er mit dem Ball zu dir kommt. Wenn er ihn auf deine Aufforderung fallen lässt, gib ihm das Leckerli und Lob, dann wirf den Ball wieder, als zusätzliche Belohnung. Sobald dein Hund den Dreh raus hat, gehe zu verschiedenen Objekten über, bis er alles auf Kommando fallen lässt. Wenn dein Hund gut darin wird, erhöhe den Einsatz mit Objekten, die er wirklich nicht loslassen will, wie einen neuen, leckeren Knochen oder sogar ein Leckerli. Wenn dein Hund bereit ist, ein Leckerli loszulassen, kannst du sicher sein, dass er auf Kommando auch ein totes Tier fallen lassen würde.

Wenn dein Hund diese Fähigkeit noch nicht beherrscht und du dringend möchtest, dass er etwas loslässt, das er nicht hergeben will, verwende ein hochwertiges Leckerli, um ihn zu überzeugen. Er wird wahrscheinlich das Leckerli in deiner Hand haben wollen und den verbotenen Gegenstand lange genug fallen lassen, damit du ihn schnappen und schnell entsorgen kannst. Dann kannst du daran arbeiten, deinen Hund darauf zu konditionieren, auf Kommando loszulassen.

Sitz schön

An diesem Trick ist nichts besonders Nützliches, aber es ist sehr niedlich zu sehen, wie dein Goldendoodle auf seinen Hinterbeinen sitzt wie ein kleiner Mensch. Dieser Trick ist auch als „Bettel" bekannt, aber du musst ihm nicht die lästige Beharrlichkeit für Leckerlis beibringen, die mit echtem Betteln einhergeht! Neben der Tatsache, dass dieser Trick absolut bezaubernd ist, wird er die Rumpfkraft deines Hundes stärken, da er Muskeln beansprucht, die er normalerweise nicht einsetzen muss. Wenn dein Hund diese Muskeln nicht viel benutzt hat, wird es einige Zeit dauern, bis er sich daran gewöhnt hat, wie ein Mensch zu sitzen. Dein Hund wird wahrscheinlich anfangs etwas wackelig sein, und du musst ihm vielleicht ein wenig Unterstützung geben, damit er nicht umkippt. Übe weiter, bis er die Position halten kann.

Foto von Sandy Hunt

Um dieses Kommando beizubringen, lass deinen Hund in der Sitzposition beginnen. Halte ein Leckerli vor seine Nase und bewege es dann langsam nach oben und hinter seinen Kopf. Wenn er dem Leckerli mit der Nase folgt, wird er seinen Körper natürlich anheben, damit er nicht nach hinten kippt. Belohne ihn, wenn er sich von seinen Vorderpfoten abhebt. Übe weiter, bis dein Hund auf seinen Hinterbeinen sitzen kann, mit den Pfoten vor seinem Bauch. Von hier aus kannst du mit anderen lustigen Tricks experimentieren, wie deinen Hund vom Sitzen zum Stehen zu bringen, während er auf seinen Hinterbeinen balanciert. Du könntest sogar versuchen, ein Pfötchen geben oder High Five einzubauen, wenn er wirklich gut im Balancieren wird.

Spiel tot/Roll dich

„Spiel tot/Roll dich" ist ein weiterer lustiger Trick, der nicht viel praktischen Nutzen hat, aber viel Spaß macht. Wenn dein Hund jedoch nicht gerne seinen Bauch vor Menschen entblößt, wird dies eine Herausforderung sein. Es ist nicht für jeden Hund natürlich, sich in dieser Position wohlzufühlen. Wenn dein Hund zögert, versuche es weiter, aber zwinge deinen Hund niemals körperlich, sich auf den Rücken zu rollen. Dies könnte dazu führen, dass er in Panik gerät, weil er das Gefühl hat, gezwungen zu werden, sich einem größeren und stärkeren Tier zu unterwerfen. Goldendoodles sind jedoch in der Regel ziemlich umgänglich, sodass du wahrscheinlich keine Probleme mit diesem speziellen Kommando haben wirst.

Beginne mit deinem Hund in der Sitzposition. Verwende das Leckerli, um deinen Hund in die folgenden Positionen zu führen: Senke das Leckerli auf den Boden, damit er sich hinlegt, und drehe das Leckerli langsam um seinen Kopf, bis er auf der Seite liegt. Lobe ihn und gib die Belohnung, wenn dein Hund die gewünschte „tot"-Position erreicht. Für manche ist dies nur ein stiller Hund auf der Seite. Andere mögen, dass die Beine ihres Hundes gerade in die Luft ragen. Einige Besitzer formen mit ihrer Hand eine Pistole und sagen „peng" als Kommandowort. Andere sagen „toter Hund" oder „spiel tot". Dein Hund wird auf alle Signale reagieren, die du ihm beibringst, also sei ruhig kreativ. Achte nur darauf, dass das Kommando, das du verwendest, nur wenige Silben lang ist und nicht wie ein anderes gängiges Kommando klingt.

Eine „spiel tot"-Position ist der halbe Weg zu einer „roll dich"-Position. Anstatt die Rollbewegung zu stoppen, wenn dein Hund auf die Seite kommt, drehe das Leckerli für eine vollständige Umdrehung weiter. Es kann einige Zeit dauern, bis dein Hund eine vollständige Umdrehung schafft. Aber wenn er es tut, achte darauf, deinem Hund viel Lob zu geben, denn es ist ein ziemlich anspruchsvoller Trick. Wenn dein Hund den Dreh raushat, versuche, etwas Geschwindigkeit aufzubauen, damit dein Hund schnell durch die Bewegungen gehen kann, ohne viel Anleitung.

Sobald du eine Drehung gemeistert hast, versuche, deinen Hund dazu zu bringen, sich auch in die andere Richtung zu drehen.

Kriechen

Dies ist ein weiterer lustiger und ziemlich einfacher Trick, der leicht beizubringen ist, wenn dein Hund bereits Grundkommandos wie „Platz" kennt. Dieser Trick kann auch nützlich sein, um Fähigkeiten zu üben, die im Agility-Training verwendet werden. Um dieses Kommando beizubringen, beginne mit deinem Hund in der Platz-Position. Halte das Leckerli zwischen seine Pfoten und bewege es dann langsam zu dir hin. Wenn du das Leckerli zu schnell bewegst, wird dein Hund wahrscheinlich wieder aufstehen. Während dein Hund auf dich zukommt, musst du ein wenig zurückweichen, damit genug Platz für deinen Hund ist, um vorwärts zu kommen. Wenn dein Hund einen halben Meter oder so kriecht, ohne aufzustehen, gib ihm seine Belohnung. Übe weiter, um mehr Distanz zu schaffen, und versuche dann, ihn ohne Leckerli kriechen zu lassen.

Wettbewerbe für Goldendoodles

Dein Hund kann an Wettbewerben teilnehmen, auch wenn er kein Rassehund ist. Jeder Hund mit dem richtigen Training und Temperament kann an verschiedenen Aktivitäten für Hunde teilnehmen. Wettbewerbe können nicht nur die Fähigkeiten und das Selbstwertgefühl deines Hundes steigern, sondern sind auch eine großartige Möglichkeit, mit anderen Hunden und Menschen zu sozialisieren. Außerdem ist es eine unterhaltsame Art, viel Qualitätszeit mit deinem Hund zu verbringen und etwas zu tun, das euch beiden nützt. Du wärst überrascht, wie viele lustige Dinge ein Goldendoodle lernen kann.

Agility-Training könnte für einen energiegeladenen Goldendoodle viel Spaß machen. Dabei handelt es sich im Grunde nur um einen Hindernisparcours für Hunde. Dein Hund wird lernen, wie man durch Pylonen schlängelt, Rampen hinauf- und hinunterläuft und durch Tunnel flitzt. Fokussierte Goldendoodles sind gut im Agility, weil sie von Natur aus motiviert und energiegeladen sind. Goldendoodles sind schnell und intelligent, sodass sie in der Lage sind, die notwendigen Fähigkeiten zu erlernen und in einem schnellen Tempo auszuführen. Selbst wenn du es nicht zum Wettbewerb schaffst, gibt es Kurse, in denen du die Fähigkeiten nur zum Spaß erlernen und üben kannst. Es ist auch eine tolle Aktivität für deinen Hund im Winter, wenn es schwieriger ist, die Goldendoodle-Energie abzubauen.

Wenn dein Hund ein Talent für das Erlernen von Kommandos hat, könnten Gehorsamswettbewerbe das Richtige für dich sein. Diese Wettbewerbe erfordern unter anderem, dass dein Hund in einem Ring herumläuft, sitzt, sich hinlegt und bleibt. Es gibt auch entspanntere Gehorsamswettbewerbe, die dir erlauben, Freestyle zu machen und die lustigen Tricks zu zeigen, an denen du mit deinem Hund gearbeitet hast. Dein Goldendoodle könnte bei diesen Wettbewerben besonders gut sein, weil die Nähe zu anderen Hunden für manche Rassen eine Herausforderung ist, aber weniger für den  sozialen Goldendoodle. Ein intelligenter, gut sozialisierter und entspannter Goldendoodle könnte bei diesen Wettbewerben großartig sein.

Nasenarbeit ist ein weiterer Hundesport, der zunehmend an Beliebtheit gewinnt, weil er die Stärken deines Hundes zu seinem Vorteil nutzt. Bei diesen Wettbewerben kann dein Hund Gerüche identifizieren und verfolgen. Dein Hund muss auch nicht besonders athletisch sein, um teilzunehmen. Dies ist eine gute Aktivität für einen intelligenten Hund mit viel geistiger Energie, also perfekt für einen Goldendoodle. Wenn dein Hund seine ganze Freizeit mit der Nase am Boden verbringt, könnte dies für deinen Goldendoodle Spaß machen.

Sobald du diese fortgeschrittenen Kommandos beherrschst, gibt es noch viele weitere, die du ausprobieren kannst. April Power von Power Puppies LLC empfiehlt Besitzern, YouTube-Videos anzusehen, um zu lernen, wie man bestimmte Kommandos beibringt. Wenn du also eine Idee hast, was du deinen Goldendoodle tun lassen möchtest, besteht eine sehr gute Chance, dass jemand anderes herausgefunden hat, wie man das Kommando beibringt und es gefilmt hat! Oder wenn dir die Ideen ausgehen, kannst du immer eine allgemeine Suche nach Hundetricks durchführen und denjenigen auswählen, der dir ins Auge fällt. Training ist eine unterhaltsame Bindungsaktivität für dich und deinen Goldendoodle, die das ganze Leben deines Hundes andauern kann. Indem du ihm einen „Job" und viel Motivation gibst, kannst du körperliche und geistige Energie gleichzeitig abbauen und gleichzeitig seine Gehorsamkeitsfähigkeiten formen.

KAPITEL 14
Reisen mit Goldendoodles

„Goldendoodles sind fantastische Reisebegleiter. Sie lieben Autofahrten und sind gerne überall dabei, wo du hingehst."

Jewell
Jewells Puppy Paws

Goldendoodles sind hervorragende Reisebegleiter. Sie mögen Autofahrten in der Regel sehr, besonders wenn das bedeutet, dass sie Zeit mit ihrem Lieblingsmenschen verbringen können. Mit einem gut erzogenen Hund zu reisen ist eine Freude, weil du aufregende Dinge gemeinsam mit deinem besten Freund erleben kannst. Wie bei allem, was deinen Goldendoodle betrifft, wird jedoch ein wenig Vorbereitung deine Reisen mit deinem Hund viel angenehmer machen.

Hundeboxen und Sicherheitssysteme im Auto

Foto von
Nitin Kayathi

So wie du niemals ein Kind ohne Sicherheitsgurt im Auto mitfahren lassen würdest, solltest du auch deinen Hund niemals ungesichert im Auto transportieren. Selbst ein Unfall bei relativ niedriger Geschwindigkeit oder eine Vollbremsung kann deinen Hund gegen die Windschutzscheibe schleudern. Selbst wenn die Kraft des plötzlichen Anhaltens keine tödlichen Verletzungen verursacht, kann sie einem Hund, der nicht versteht, wie Autofahren funktioniert und sich nicht auf den Aufprall vorbereiten kann, erheblichen Schaden zufügen. Ihre Anatomie macht es ihnen schwer, bei normalen Fahrbewegungen stillzusitzen, daher ist es für sie unmöglich, sich selbst zu schützen, wenn das Auto plötzlich anhält.

Außerdem ist es nicht sicher, wenn ein energiegeladener Hund während der Fahrt im Auto herumklettert. Das stellt eine enorme Ablenkung für den Fahrer dar. Du denkst vielleicht, dass du ein geschickter Fahrer bist und mit deinem besten Freund auf dem Beifahrersitz gut zurechtkommst, aber es braucht nur eine Sekunde, in der dein Hund etwas tut, das deine Aufmerksamkeit ablenkt – wie auf deinen Schoß zu springen oder nach einem vorbeifahrenden Auto aus dem Fenster zu schnappen. Meistens wird das kein großes Problem sein, aber es braucht nur einen Fehler, um sowohl dich als auch deinen Hund zu gefährden.

Aus diesen Gründen ist es unbedingt notwendig, dass du eine Art Transportbox oder Sicherungssystem findest, das sowohl für dich als auch für deinen Hund am besten geeignet ist. Du möchtest, dass dein Goldendoodle bequem genug ist, um Autofahrten zu genießen, aber auch sicher genug, um die Fahrt zu überleben. Es gibt viele verschiedene Optionen, also wenn eine Methode nicht gut funktioniert, gibt es sicher eine andere, die passt.

Eine Transportbox ist wahrscheinlich die einfachste Sicherung im Auto, wenn dein Goldendoodle boxentrainiert ist. Wenn nicht, könnte es schwierig sein, deinen Vierbeiner in eine Box zu zwängen, falls der geschlossene Raum ihn nervös macht. Aber wenn eine Box bereits der sichere Ort deines Hundes ist, wird er sich während der Fahrt wohlfühlen. Die festen Wände der Box halten deinen Hund sicher, während sie gleichzeitig verhindern, dass Trümmer und andere herumfliegende Gegenstände deinen Hund bei einem Unfall treffen.

Wenn dein Hund nicht boxentrainiert ist oder eine Box nicht in dein Auto passt, ist ein Hundesicherheitsgurt deine nächstbeste Wahl. Der einfachste Sicherheitsgurt ist nur ein Riemen, der von der Gurtschnalle deines Autos zu einem Clip führt, der am Halsband oder Geschirr deines Hundes befestigt werden kann. Bei Verwendung eines Sicherheitsgurts ist es am besten, ein Geschirr zu benutzen. Bei einem Unfall wird der Sicherheitsgurt mit großer Kraft an deinem Hund ziehen. Wenn er mit einem Halsband verbunden ist, zieht er am Hals. Wenn er mit einem Geschirr verbunden ist, verteilt er einen Teil der Kraft um die Schultern und Brust deines Hundes.

Du kannst auch Trenngitter kaufen, die verhindern, dass dein Hund im Auto herumgeschleudert wird. Wenn dein Hund im Kofferraum deines SUVs untergebracht ist, kannst du ein Trenngitter kaufen, das verhindert, dass dein Hund über die Sitze klettert. Wenn dein Hund in der Mitte fährt, wird eine Hängematte, die von den vorderen Kopfstützen zu den mittleren Kopfstützen gespannt wird, dein Auto sauber und deinen Hund an seinem Platz halten.

Während einige Optionen zur Sicherung deines Hundes im Auto möglicherweise wirksamer sind als andere, ist es wichtig, dass du überhaupt etwas verwendest, um deinen Goldendoodle zu schützen. Wenn du niemals ein Familienmitglied ohne angelegten Gurt in deinem Auto mitfahren lassen würdest, solltest du das auch deinem Hund nicht erlauben. Wenn wir Hunde in unsere Welt bringen und von ihnen erwarten, dass sie die gleichen Dinge tun wie Menschen, müssen wir zusätzliche Vorsichtsmaßnahmen treffen, um sie zu schützen, da sie oft nicht mit den gleichen Instinkten ausgestattet sind wie wir Menschen.

Deinen Goldendoodle auf Autofahrten vorbereiten

Im Großen und Ganzen werden Goldendoodles keine Probleme haben, wenn es darum geht, ins Auto zu steigen. Viele sehen eine Fahrt als großartige Gelegenheit, auf engem Raum mit ihren Menschen zusammen zu sein. Es kann auch aufregend sein, irgendwo neu hinzukommen oder neue Ausblicke aus dem Fenster zu sehen. Allerdings kommen nicht alle Hunde mit Autofahrten gut zurecht. Für manche Hunde können Autofahrten beängstigend sein. Daher ist es am besten, deinen Hund an das Fahrzeug zu gewöhnen, bevor du ihn zu einer Fahrt zwingst.

Foto von
Madison Cruse

Um dies zu tun, öffne zunächst deine Autotür und lass ihn selbst erkunden. Wenn er von sich aus einsteigt, gib ihm ein Leckerli und lobe ihn. Wenn er etwas zögerlicher ist, gib ihm Zeit zum Schnüffeln. Wenn er bereit ist, versuche, ihn mit einem Leckerli ins Auto zu locken. Die meisten Hunde springen sofort hinein, um einen leckeren Snack zu fressen. Dann sitzt du einfach mit deinem Hund im Auto und gibst ihm viel Lob und Streicheleinheiten.

Wenn dein Hund sich im Auto wohlfühlt, ist es Zeit, ihn

zu einer Spritztour mitzunehmen! Anfangs reicht eine kurze Fahrt um den Block. Dann ist vielleicht eine Fahrt zum Supermarkt gut. Baue die Zeit, die du im Auto verbringst, langsam auf und belohne deinen Hund, wenn er ruhig bleibt. Bis du zum Tierarzt fahren musst, wird dein Hund sich mit Autofahrten wohlfühlen.

Du solltest auch darauf achten, wohin du deinen Hund im Auto mitnimmst. Wenn du nur einmal im Jahr zum Tierarzt fährst und dein Hund den Tierarzt hasst, könnte dein Hund Autofahrten mit Angst verbinden. Sorge also dafür, dass du gelegentlich mit deinem Goldendoodle an einen Ort fährst, den er liebt, wie den Hundepark oder zu einem Freund.

Reisekrankheit ist bei Hunden eher selten, kommt aber vor. Wenn dein Hund bei Autofahrten übel wird, ist die erste Erklärung normalerweise Angst. Diese Nervosität kann durch richtige Gewöhnung deines Hundes an das Auto gelindert werden. Aber manche Hunde sind nervöser als andere, daher brauchen sie möglicherweise etwas mehr Zeit und Übung, um sich im Auto wohlzufühlen. Wenn die Angst sehr groß ist, kann ein Tierarzt möglicherweise Angstlösende Medikamente verschreiben, wenn Autofahrten unvermeidbar sind. Wenn dein Vierbeiner im Auto völlig ruhig ist und trotzdem krank wird, kann ein Tierarzt möglicherweise ein Medikament verschreiben, das deinem reisekranken Goldendoodle helfen kann.

Wenn du bereit bist, für eine lange Autofahrt loszufahren, packe alle wichtigen Dinge für deinen Hund ein. Wasser, Futter, Spielzeug, Leckerlis, Halsbänder und Leinen sowie Erkennungsmarken sind alle wichtig, zur Hand zu haben. Wenn du längere Zeit unterwegs bist, mache regelmäßige Pausen an sicheren Orten, damit dein Hund seine Beine strecken kann. Stelle während dieser Pausen sicher, dass Wasser für deinen Hund verfügbar ist. Wenn möglich, plane vielleicht einen Stopp in einer Stadt mit einem Hundepark ein, damit dein Goldendoodle seine tägliche Bewegung bekommen kann.

Wenn du einen neuen Ort besuchst, ist es wichtig, dass dein Hund eine Identifikation trägt. Ein Halsbandanhänger mit deinem Namen und deinen Kontaktdaten kann lebensrettend sein, wenn dein Goldendoodle verloren geht. Überlege auch, deinen Hund chippen zu lassen. Auf diese Weise hast du, falls dein Hund verloren geht und sein Anhänger abfällt, immer noch deine Kontaktdaten bei ihm, falls er von einer Tierhilfe aufgegriffen wird. Es ist unangenehm, darüber nachzudenken, aber es ist die beste Chance, die du hast, wenn du von deinem Hund getrennt wirst und weit von zu Hause entfernt bist.

Fliegen und Hotelaufenthalte

Wenn du weite Strecken reisen musst, musst du zusätzliche Vorkehrungen für deinen Goldendoodle treffen. Wenn du unbedingt fliegen musst, ist es wichtig, zusätzliche Vorsichtsmaßnahmen zu treffen, um deinen Hund ruhig und sicher zu halten. Flugreisen können für Hund und Mensch nervenaufreibend sein. Höchstwahrscheinlich muss dein Hund im Frachtraum des Flugzeugs reisen, es sei denn, du kannst deinen Goldendoodle bei dir in der Kabine behalten. Im Frachtraum muss dein Hund in einer Transportbox gesichert sein. Die Temperaturen können schwanken, daher möchtest du vielleicht eine vertraute Decke auf den Boden legen. Du solltest auch Futter und Wasser zur Verfügung stellen, wenn du auf einem langen Flug bist. Leider können Hunde wie andere Gepäckstücke verloren gehen, also stelle sicher, dass deine Kontaktinformationen sowohl am Hund als auch an seiner Box angebracht sind. Du möchtest vielleicht auch die Kontaktdaten der Fluggesellschaft und des Flughafens griffbereit haben, falls du von deinem Hund getrennt wirst.

Flugreisen können für einen Hund traumatisch sein. Sie werden wahrscheinlich von dir getrennt und an einen lauten und beängstigenden Ort gebracht. Die Veränderung des Luftdrucks kann sich seltsam und unangenehm anfühlen. Wenn du auf einem langen Flug bist, fragt sich dein Hund vielleicht, wann er das nächste Mal nach draußen darf. Aus diesem Grund ist es vielleicht besser, mit dem Auto zu reisen, auch wenn es unbequem ist. Natürlich, wenn du keine andere Möglichkeit hast, als mit dem Flugzeug zu reisen, plane im Voraus, damit dein Hund bequem und sicher ist. Du möchtest vielleicht sogar vor deiner Reise einen Tierarzt besuchen, damit dein Hund als gesund genug für die Reise eingestuft werden kann.

Wenn du an deinem Ziel ankommst, wirst du wahrscheinlich an einem unbekannten Ort wie einem Hotel übernachten, also solltest du es für deinen Hund so angenehm wie möglich gestalten. Gleichzeitig ist es wichtig, deinen Hund unter Kontrolle zu halten, um keine Belastung für andere Hotelgäste zu sein. Niemand möchte einen Hund durch die zu dünnen Wände eines Hotelzimmers bellen hören!

Es ist wichtig sicherzustellen, dass dein Hund während deiner Reise ausreichend Bewegung und Aufmerksamkeit bekommt. Ein einsamer, gelangweilter, energiegeladener Hund kann viel Schaden anrichten und viele Fremde verärgern. Achte darauf, deinem Hund seine normale Bewegung zu geben, oder vielleicht sogar etwas mehr. So kannst du dein Hotel verlassen und weißt, dass dein Hund nicht bellt und an Kissen kaut, während du weg bist.

Gehe niemals davon aus, dass dein Hund in jedem Hotel willkommen ist, besonders ohne das Hotelpersonal zu informieren. Viele Hotels erlauben keine Hunde und verhängen ernsthafte Geldstrafen und können dich zum Verlassen zwingen. Buche im Voraus eine hundefreundliche Unterkunft und zahle die entsprechenden Gebühren für deinen pelzigen Freund. Das wird dir helfen, deinen Urlaub gut zu beginnen. Wenn möglich, versuche ein Hotel zu finden, das in der Nähe eines Parks oder eines Wanderwegs liegt. Andernfalls musst du möglicherweise fahren oder in unangenehmen Gegenden spazieren gehen, um zu einem Ort zu gelangen, an dem du etwas Bewegung bekommen kannst. Wie immer wird ein wenig zusätzliche Planung viel bewirken, wenn es um den Komfort deines Hundes und deine geistige Gesundheit geht.

Foto von
Jewell
Jewels Puppy Paws

Hundepensionen und Hundesitter

Letztendlich entscheidest du vielleicht, dass es am besten ist, wenn dein Goldendoodle zu Hause bleibt, während du reist. Mit einem Hund zu reisen kann Spaß machen, aber es kann auch viel Stress für dich und deinen Hund bedeuten. Wenn du weißt, dass dein Hund den Großteil deiner Reise allein gelassen wird, ist es vielleicht besser, ihn zu Hause zu lassen. In diesem Fall können eine Hundepension oder ein Hundesitter sicherstellen, dass dein Hund versorgt wird, während du weg bist.

Hundepensionen sind großartig für den geselligen Goldendoodle. Wenn dein Hund gerne mit anderen Hunden zusammen ist, wird er sich unter anderen Pensionsgästen wie zu Hause fühlen. In diesen Einrichtungen gibt es normalerweise einige Mitarbeiter, die sicherstellen, dass dein Hund die Pflege erhält, die er braucht, und die dafür sorgen, dass beim Umgang mit anderen Hunden keine Probleme auftreten. Da es sich um ein Unternehmen handelt, das mehrere Hunde gleichzeitig betreut, kann es viel günstiger sein, deinen Hund in einer Pension unterzubringen, als einen privaten Sitter zu engagieren. Außerdem fühlst du dich vielleicht besser, wenn jemand ständig da ist, um deinen Hund zu beaufsichtigen, und du weißt, dass dein Hund gut betreut wird.

Foto von
Ira Selwin

Andererseits gedeiht nicht jeder Goldendoodle in sozialen Umgebungen, besonders wenn er von vielen unbekannten Hunden umgeben ist. Manche Hunde sind Komforttiere und mögen es nicht, zu lange von ihren vertrauten Gerüchen entfernt zu sein. Wenn das auf deinen Hund zutrifft, möchtest du vielleicht einen Sitter engagieren, während du weg bist. Dies ermöglicht deinem Hund, Zeit unter vier Augen mit jemandem zu verbringen, der sich um seine Grundbedürfnisse kümmert. Du kannst einen Sitter engagieren, der zu dir nach Hause kommt, um sich um deinen Hund zu kümmern, oder einen, der deinen Hund in seinem eigenen Zuhause betreut. Diese Option ist normalerweise etwas teurer, aber es lohnt sich, wenn du weißt, dass dein Goldendoodle in einer Pension nicht gut zurechtkommen würde.

Bei beiden Optionen ist es schön, die Leute kennenzulernen, die du engagierst, um auf deinen Goldendoodle aufzupassen. Wenn du eine Pension wählst, besuche die Einrichtungen, um sicherzustellen, dass sie sauber sind und die Hunde gut versorgt werden. Unterhalte dich mit den Mitarbeitern und verschaffe dir einen Eindruck von ihrem Wissen und ihrer Leidenschaft für die Hundepflege. Lass deinen Hund seinen Sitter treffen, bevor du abreist, damit er sich mit der neuen Person wohlfühlt. Nutze diese Zeit, um sicherzustellen, dass du die richtige Wahl bei der Betreuungsperson getroffen hast. Es ist schwer, sich zu entspannen, während du weg bist, wenn du dir Sorgen um die Pflege deines Hundes machst. Indem du die Betreuer deines Hundes richtig überprüfst, kannst du sicherstellen, dass dein Hund in den besten Händen ist, während du weg bist.

Das Reisen mit deinem Goldendoodle sollte Spaß machen und entspannend sein, obwohl es verständlich ist, warum das nicht immer der Fall ist! Hunde lieben Routine, und das Brechen dieser Routine und der Vertrautheit kann dazu führen, dass sie sich auffällig verhalten. Tue zunächst alles, was du kannst, um deinen Hund auf deine Reise vorzubereiten. Wenn das bedeutet, dass du mit deinem Hund in seiner neuen Box durch die Stadt fahren oder ihn ein paar Stunden allein zu Hause lassen musst, dann tu das. Versuche während deiner Reise, deinem Hund so viel Bewegung und Aufmerksamkeit wie möglich zu geben, damit er sich entspannen kann, wenn du möchtest, dass er ruhig ist. Nutze schließlich dein bestes Urteilsvermögen, um zu entscheiden, welche Option für deinen Hund am besten geeignet ist. Vielleicht ist es notwendig, dass dein Hund mit dir reist, oder vielleicht ist es am besten, einen Sitter zu engagieren. Behalte die besten Interessen deines Hundes im Auge, auch wenn das bedeutet, dass du dich für ein paar Tage von deinem besten Freund trennen musst. Ob du auf die andere Seite der Stadt oder auf die andere Seite der Welt reist, ein wenig Vorbereitung wird sicherstellen, dass alle eine sichere und glückliche Reise haben.

KAPITEL 15
Die Fellpflege deines Goldendoodles

Einer der Gründe, warum Goldendoodles so beliebt sind, ist ihr gutes Aussehen. Als Besitzer möchtest du, dass dein Hund jederzeit so gut aussieht, wie möglich. Gleichzeitig geht es bei guter Hygiene nicht nur um einen hübschen Hund – die Fellpflege hat auch viele gesundheitliche Vorteile. Dieses Kapitel behandelt alles, was du tun musst, damit dein Goldendoodle bestmöglich aussieht und sich wohlfühlt.

Grundlagen zum Fell

„Manche Pudel tragen unbekannte Haarverlust-Gene in sich. Dein Züchter sollte mit der Fellgenetik vertraut sein, um sicherzustellen, dass du einen weitgehend nicht haarenden Goldendoodle bekommst."

April Powers
Power Puppies LLC

Es gibt einige Variationen im Fell des Goldendoodles. Je nach genetischer Veranlagung kann ein Goldendoodle ein glattes, welliges oder lockiges Fell haben, wobei glattfellige Goldendoodles selten und weniger gefragt sind. Wenn du ein Fell möchtest, das nicht viel haart, ist ein möglichst lockiges Fell die beste Wahl.

Obwohl diese Rasse nicht so stark haart wie andere Rassen, solltest du deinen Goldendoodle regelmäßig bürsten. Andernfalls kann das Fell verfilzen und Knoten bilden. Sobald sich Verfilzungen gebildet haben, musst du sie mit einer Schere entfernen, was zu unschönen kahlen Stellen bei deinem Vierbeiner führen kann. Verfilzungen können für deinen Hund auch unangenehm sein, daher ist es am besten, sie von vornherein zu vermeiden.

Eine normale Drahtbürste eignet sich gut für diese Rasse, besonders wenn sie kurzes Fell haben. Bürste deinen Hund mehrmals pro Woche, um Verfilzungen zu lösen und die Öle gleichmäßig im Fell zu verteilen. Für viele Hunde fühlt sich das Bürsten angenehm an, wie ein gutes Kraulen am ganzen Körper. Wenn dein Hund jedoch zu unruhig ist, um während dieses Teils der Fellpflege stillzuhalten, solltest du vielleicht warten, bis ihr von einem anstrengenden Spaziergang zurückgekehrt seid.

Foto von
Maureen Simpson
Arizona Goldendoodles

Professionelle Pflege

„Professionelle Pflegekostet zwischen 60 und 100 Euro, und sie müssen alle 4-6 Wochen zum Friseur und/oder täglich gebürstet werden, wenn du ein längeres Fell haben möchtest."

Amie Paulson
Clovie's Creation

Goldendoodles gehören zu den Rassen, die am besten aussehen, wenn sie einen frischen Haarschnitt bekommen haben. Der Schnitt verbessert nicht nur ihr Aussehen, sondern hilft auch, lange Haare aus den Augen und dem Maul fernzuhalten. Wenn du zu lange ohne Trimmen auskommst, kann die Sicht deines Hundes teilweise durch Fell blockiert sein, oder seine Augen könnten durch Haare, die in die Augen fallen, gereizt werden.

Laut Amie Paulson von Clovie's Creation sollten Goldendoodles etwa alle vier bis sechs Wochen zum Trimmen zum Hundefriseur. Wenn die Fellpflege zwischen 50 und 100 Euro pro Besuch kostet, kann das schnell teuer werden – ein weiterer Grund, ein Budget für die Hundepflege zu erstellen! Wenn du deinen Hund zum Hundefriseur bringst, kannst du angeben, was mit dem Fell deines Hundes gemacht werden soll. Wahrscheinlich hat dein Hundefriseur viel Erfahrung mit Pudel-Rassen und wird den Standardschnitt wählen. Wenn du das Fell deines Hundes jedoch in einer bestimmten Länge magst, kannst du selbstverständlich um einen speziellen Schnitt bitten.

Während du beim Hundefriseur bist, kannst du alle anderen Pflegeaufgaben erledigen lassen, die anfallen. Vielleicht ist es am besten, wenn du jemand anderen damit beauftragst, deinen Hund zu baden und seine Krallen regelmäßig zu schneiden. Manche Hunde wollen während der Pflege nicht stillhalten, was dem Besitzer viel Stress verursacht. Hundefriseure haben viel Erfahrung im Umgang mit schwierigen Hunden, falls dein Goldendoodle in diese Kategorie fällt.

Es gibt jedoch einige Dinge, die du tun kannst, um deinen Hund auf den Hundefriseur vorzubereiten. Stelle zunächst sicher, dass dein Hund damit zurechtkommt, wenn andere Menschen ihn berühren. Lass einen Freund deinen Hund streicheln oder bürsten, während du außer Sichtweite bist. Oder gib deinem Hund viel Lob und Leckerlis, wenn du ihn beim Baden mit Wasser und Shampoo in Berührung bringst. Übe, die Pfoten deines Hundes zu berühren, wenn ihr auf dem Sofa sitzt, und lobe ihn, wenn er nicht zusammenzuckt. Dein Hundefriseur wird dir dankbar sein, wenn dein Hund während seines Termins stillhält.

Baden

Irgendwann wird dein Goldendoodle die einzige Schlammpfütze im Park finden oder sich in etwas Stinkendem wälzen. Wenn das passiert, musst du deinem vierbeinigen Freund ein Bad geben. Das geht am einfachsten, wenn deine Badewanne einen abnehmbaren Duschkopf hat, obwohl ein Plastikbecher im Notfall auch helfen kann, deinen Hund abzuspülen. Du brauchst auch ein speziell für Hunde formuliertes Shampoo. Da Pudel zu Hautallergien neigen, eignet sich ein mildes Shampoo gut für diese Hunde.

Um deinen Hund zu baden, spüle ihn kurz ab und massiere das Shampoo in sein Fell ein. Beginne am Hals und arbeite dich bis zum Schwanz vor. Dann spüle deinen Hund gründlich ab. Wenn du das Gefühl hast, dass du das gesamte Shampoo herausgespült hast, gib ihm noch eine Spülung. Getrocknetes Shampoo kann die Haut reizen und dafür sorgen, dass dein Hund stumpf aussieht und juckt. Nimm als Nächstes einen feuchten Lappen und wische vorsichtig das Gesicht deines Hundes ab. Du solltest vermeiden, Wasser direkt auf das Gesicht deines Hundes zu

Foto von Tracey Webster

gießen, da es in empfindliche Bereiche gelangen und Unbehagen verursachen kann. Sobald dein Hund sauber ist, trockne ihn mit einem Handtuch ab und gib ihm ein Leckerli für seine Kooperation.

Auch wenn es nichts Besseres gibt, als mit einem frisch gewaschenen Hund zu kuscheln, versuche, die Häufigkeit des Shampoonierens deines Hundes zu begrenzen. Zu häufiges Waschen kann die Haut und das Fell deines Hundes austrocknen und ihm Unbehagen bereiten. Ein Bad alle drei bis vier Monate ist ein gutes Ziel, mit zusätzlichen Bädern, für wenn dein Hund besonders schmutzig oder stinkend ist.

Krallenschneiden

Das Schneiden der Krallen deines Hundes ist eine wichtige Aufgabe. Du möchtest nicht nur verhindern, dass die Krallen deines Hundes deine Möbel und Haut zerkratzen, sondern überwachsene Krallen können auch gesundheitliche Probleme für deinen Hund verursachen. Wenn Hunde zu lange auf langen Krallen laufen, setzt das ihre Pfoten unter unnötigen Stress. Mit der Zeit kann dies viel Schmerz und Unbehagen für deinen Hund verursachen. Wenn du ein Klicken und Kratzen hörst, wenn du mit deinem Hund auf Beton läufst, ist das ein guter Hinweis darauf, dass die Krallen deines Hundes einen Schnitt benötigen.

Dies ist etwas, das du zu Hause mit einer Hundekrallenschere erledigen kannst. Diese kannst du in jedem Zoofachgeschäft kaufen. Halte einfach die Öffnung der Schere um das Ende der Zehenkralle deines Hundes und drücke, bis das Metall durch die Kralle geht. Solange du nicht durch die Blutgefäße schneidest, sollte dein Hund keine Schmerzen spüren. Wenn dein Goldendoodle durchsichtige Krallen hat, sind die Blutgefäße leicht zu erkennen – es ist der rosa Teil der Kralle. Wenn dein Vierbeiner dunkle Krallen hat, ist es etwas schwieriger zu unterscheiden. Wenn du dir Sorgen machst, in die Blutgefäße zu schneiden, kannst du einen Tierarzt bitten, dir beim nächsten Kontrollbesuch zu zeigen, wo du schneiden sollst. Aber wenn du nur die scharfen Enden in kleinen Schnitten entfernst, musst du dir wahrscheinlich keine Sorgen darüber machen, deinen Hund zu verletzen.

Viele Hunde hassen das Gefühl, wenn ihre Krallen geschnitten werden. Aus diesem Grund ist es wichtig, deinen Hund schon in jungen Jahren an das Krallenschneiden zu gewöhnen. Beginne damit, einfach die Pfoten und Krallen deines Hundes zu berühren. Wenn er das zulässt, gib ihm ein Leckerli und Lob. Führe als Nächstes die Schere ein und halte sie in die Nähe seiner Zehen. Wenn er ruhig bleibt, gib ihm ein Leckerli. Erhöhe nach und nach die Nähe, bis dein Hund stillsitzt, während du eine Zehenkralle schneidest. Wenn er das zulässt, gib ihm ein gutes Leckerli und viel Lob. Wiederhole dies, bis er das Krallenschneiden mit guten Leckerlis verbindet.

Zähneputzen

Das ist eine weitere Pflegeaufgabe, die für die allgemeine Gesundheit deines Hundes wichtig ist. Zahnverfall kann ernsthafte Probleme für deinen Hund verursachen, einschließlich schmerzhaftem Kauen und sogar Herzerkrankungen. Die professionelle Reinigung der Zähne deines

Hundes kann teuer sein und erfordert, dass dein Hund unter Narkose gesetzt wird, was für den Körper mancher Hunde belastend sein kann. Um diese Probleme im späteren Leben zu vermeiden, ist regelmäßiges Zähneputzen notwendig.

Kaufe zunächst Zahnpasta aus einem Zoofachgeschäft in einem Geschmack, den dein Hund mögen wird. Verwende niemals menschliche Zahnpasta bei einem Hund, da sie den Schaum nicht wie Menschen ausspucken können. Wähle als Nächstes eine Bürste, die zu den Zähnen deines Hundes passt. Einige Besitzer verwenden gerne eine traditionelle Zahnbürste mit Griff, während andere einen kleinen Schrubber bevorzugen, der auf die Fingerspitze passt. Einige verwenden sogar eine Kinderzahnbürste. Verwende, was für dich und deinen Hund am bequemsten ist.

Nachdem du die Paste auf die Bürste aufgetragen hast, lass deinen Hund daran lecken. Dies wird ihn mit dem Geschmack der Paste vertraut machen und die Überraschung verringern, wenn du einen seltsamen Gegenstand in seinen Mund steckst. Ziehe sanft seine Lippen zurück und beginne mit dem Bürsten. Konzentriere dich auf die Außenseiten der Zähne, da dies der schmutzigste Teil des Zahns ist. Bürste bis zum Zahnfleischrand, aber nicht so kräftig, dass es zu Blutungen kommt. Es kann schwierig sein, alle Zähne zu erreichen, aber mit der Zeit wirst du ein System entwickeln, um Zugang zu jedem Zahn zu bekommen. Wenn du fertig bist, lobe deinen Hund ausgiebig für seine Kooperation. Wiederhole diesen Vorgang mehrmals pro Woche, um Plaque fernzuhalten, oder mache es zu einem Teil deiner täglichen Routine.

Reinigung von Ohren und Augen

Goldendoodles haben Schlappohren, die sich infizieren können, wenn zu viel Feuchtigkeit darin eingeschlossen ist. Aus diesem Grund musst du der Sauberkeit der Ohren deines Vierbeiners besondere Aufmerksamkeit schenken. Juckreiz und Rötungen sind klareAnzeichen dafür, dass etwas nicht stimmt. Wenn das Problem anhält und du merkst, dass dein Hund sehr unwohl ist, bring ihn zur Kontrolle zum Tierarzt. Dein Tierarzt wird in der Lage sein, eine mögliche Infektion zu diagnostizieren und zu behandeln.

Um Ohrprobleme zu vermeiden, achte darauf, die Ohren deines Hundes trocken zu halten. Achte beim Baden besonders darauf, kein Wasser ins Gesicht deines Hundes zu spritzen. Wenn dein Hund gerne schwimmt, tupfe die Ohrmuscheln deines Hundes mit einem Handtuch oder einem Wattebausch ab. Wenn dein Hund eine wachsartige Ablage-rung entwickelt oder besonders juckt, spüle seine Ohren mit einer Ohr-reinigungsflüssigkeit aus. Diese kann in einer Tierarztpraxis oder einem Zoofachgeschäft gekauft werden. Spritze etwas Flüssigkeit in den Gehör-gang und massiere die Ohrbasis, um das Produkt einzuarbeiten. Dein Hund wird den Kopf schütteln und dabei die Ablagerungen lösen. Du kannst auch die Ecke eines Waschlappens mit der Lösung befeuchten und die äußeren Teile des Ohrs abwischen. Es ist jedoch wichtig, das In-nenohr zu vermeiden. Berühre niemals den Teil des Ohrs, der nicht leicht mit einem Waschlappen abgewischt werden kann. Selbst wenn das Ohr deines Hundes schmutzig aussieht und du denkst, dass du vorsichtig bist, kann das Einführen von Wattestäbchen oder anderen kleinen Hilfs-mitteln in den Gehörgang viel Schaden anrichten. Wenn du das Gefühl hast, dass das Problem nach der Reinigung weiterhin besteht, ist es Zeit, zum Tierarzt zu gehen.

Du solltest auch bei der Reinigung des Bereichs um die Augen dei-nes Hundes vorsichtig sein. Regelmäßiges Trimmen kann die Augen dei-nes Hundes frei von kratzendem, überwachsenem Fell halten. Wenn sich bei deinem Hund Ablagerungen in den Augenwinkeln ansammeln, wi-sche sie vorsichtig mit einem feuchten Tuch ab. Versuche nicht, an dem Bereich um die Augen herumzuschnippeln, denn es braucht nur eine falsche Bewegung, um deinem Vierbeiner ins Auge zu stechen. Wenn dein Goldendoodle ein helles Fell hat und seine Tränen Flecken verursa-chen, gibt es Produkte, die helfen können. Während ein wenig Ablage-rung um die Augen normal ist, kann übermäßiger Ausfluss ein Zeichen für ein ernsthafteres Problem sein. Wenn die Augen deines Hundes be-sonders rot, wässrig oder schleimig erscheinen, ist ein Besuch beim Tier-arzt angebracht.

Heimische Pflege vs. Professionelle Pflege

Nachdem du nun alle regelmäßigen Pflegemaßnahmen kennenge-lernt hast, die dein Goldendoodle benötigt, musst du entscheiden, wel-che Aufgaben du zu Hause erledigen kannst und welche besser den Pro-fis überlassen werden sollten. Solange die Pflege, die du leistest, keinen Tierarzt erfordert, wie die Behandlung von Infektionen oder die Zahn-steinentfernung, kannst du die gesamte Pflege zu Hause durchführen. Wenn du ein begrenztes Budget hast, ist es umso besser für deinen Geldbeutel, je mehr du selbst machen kannst.

Andererseits tolerieren nicht alle Hunde die Pflege gut. Wenn dein Hund dir jedes Mal Schwierigkeiten bereitet, wenn du versuchst, seine Krallen zu berühren, könntest du entscheiden, dass es am besten ist,

dies einem Hundefriseur zu überlassen, der viel Erfahrung im Umgang mit empfindlichen Hunden hat. Manchmal tolerieren Hunde die Pflege, wenn nicht ihr Besitzer die Arbeit macht. Und wenn du nicht vorsichtig mit scharfen Scheren umgehst, kannst du viel Schaden anrichten. Außerdem hat ein erfahrener Hundefriseur den Goldendoodle-Schnitt perfektioniert. Wenn du nicht so geschickt mit der Schere bist, sieht dein armer Hund möglicherweise albern aus. Es gibt einen guten Grund, warum es in praktisch jedem Zoofachgeschäft und jeder Tierarztpraxis Hundefriseure gibt!

Vielleicht ist die beste Faustregel, das zu tun, womit du dich wohlfühlst, und den Rest einem Profi zu überlassen. Vielleicht bist du mit dem Bürsten des Fells und der Zähne vertraut, aber alles andere macht dich nervös, wenn du es selbst machst. Oder vielleicht hast du kein Problem damit, deinen Hund zu baden, brauchst aber jemanden mit ein wenig künstlerischer Vision, um die Schere zu führen. Oder vielleicht liebt dein Goldendoodle seine Zeit im Hunde-Spa, und du liebst es, nicht mit deinem Hund ringen zu müssen, um ihn in deine Badewanne zu bekommen. Solange die Hygienebedürfnisse deines Hundes erfüllt werden, spielt es keine Rolle, wer sie erfüllt!

Goldendoodles sind Hunde mit mittlerem Pflegeaufwand, also rechne damit, etwas Zeit und Geld in ihre Sauberkeit zu investieren. Ein gut gepflegter Hund sieht nicht nur gut aus und riecht gut, sondern fühlt sich möglicherweise auch gesünder. Wenn du deinen Hund an etwas Neues gewöhnst, denke daran, langsam zu beginnen und viele Leckerlis und Ermutigung zu geben. Mit der richtigen Konditionierung wird dein Hund lernen, die Pflege zu tolerieren und sogar die Zeit zu genießen, die du damit verbringst, deinen Hund gepflegt aussehen zu lassen. Wenn die Pflege deines Hundes jemals mehr Fachwissen erfordert, als du glaubst zu besitzen, kannst du immer einen Hundefriseur beauftragen, um einige der Dienstleistungen zu übernehmen, die über deine Fähigkeiten hinausgehen. Letztendlich möchtest du nur, dass dein Goldendoodle so gut wie möglich aussieht und sich fühlt.

KAPITEL 16
Ernährung und Gesundheitsvorsorge

Nichts ist wichtiger als die Gesundheit deines Goldendoodles. Unsere Haustiere werden sofort zu geschätzten Familienmitgliedern, und verantwortungsvolle Hundehalter tun alles, damit ihre Vierbeiner glücklich und gesund bleiben. Bewegung, gute Hygiene und richtige Erziehung tragen viel dazu bei, deinen Hund fit zu halten, aber erst die richtige Ernährung und angemessene Gesundheitsvorsorge runden das Gesamtbild ab. Vielleicht verspürst du den Druck, deinen besten Freund gesund zu halten, aber es ist einfacher als du denkst. Wenn du die Grundlagen guter Ernährung und Gesundheitsvorsorge kennst, kannst du dich in komplexeren Situationen auf Fachleute verlassen.

Die Bedeutung einer guten Ernährung

Dein Goldendoodle ist im Grunde ein Energiebündel. Ein aktiver Geist steuert einen energiegeladenen Körper, der stundenlang in Bewegung sein kann. Der Motor deines Hundes braucht den richtigen Treibstoff, um ihn in Schwung zu halten und seinen Körper zu regenerieren. Mangelhafte Ernährung führt zu einem trägen und erschöpften Hund. Richtige Ernährung hingegen hält das Gehirn deines Hundes in Topform, sein Fell weich und glänzend und seine Muskeln stark. Eine ausgewogene, nährstoffreiche Ernährung statt minderwertigen Futters kann sogar die Lebenserwartung deines Hundes verlängern.

Nur weil es scheint, als könnten Hunde alles fressen, heißt das nicht, dass sie es auch sollten. Hunde brauchen eine bestimmte Nährstoffkombination, die in gutem Hundefutter enthalten ist. Der Großteil dieser Nahrung besteht in der Regel aus Kohlenhydraten. Diese liefern deinem Hund die Energie, die er zum Laufen und Spielen braucht. Einfache Kohlenhydrate wie Zucker werden schnell verbrannt und liefern kurzfristige Energie. Komplexe Kohlenhydrate wie Vollkornprodukte werden langsamer abgebaut. So bleibt dein Hund zwischen den Mahlzeiten länger energiegeladen. Achte bei der Auswahl von Hundefutter auf Zutaten wie Vollkornreis, Haferflocken oder Süßkartoffeln. All das sind nährstoffreiche Kohlenhydrate.

Was die Proteinzufuhr deines Hundes betrifft, suche nach einem Futter mit etwa 30% Proteinanteil. Hunde sind Fleischfresser, daher wird ein Futter mit zu wenig Fleisch deinen Hund der Aminosäuren berauben, die er für gesunde Muskeln und Blut benötigt. Futtermittel mit verschiedenen Fleischsorten versorgen deinen Hund mit einer guten Mischung nützlicher Nährstoffe. Rotes Fleisch wie Rind ist beispielsweise reich an Eisen. Huhn ist eine magere Proteinquelle, und sein Knorpel ist gut für die Gelenke deines Hundes. Fisch ist eine weitere magere Proteinquelle und enthält Omega-Fettsäuren, die Wunder für Haut, Fell und Gehirn deines Hundes bewirken. Obwohl all diese Fleischquellen gut sind, hängt das Fleisch, das dein Hund frisst, wahrscheinlich von seinen persönlichen Vorlieben ab. Manche Goldendoodles fressen alles, was in ihrem Napf landet, während andere eine bestimmte Futtersorte verlangen.

Fette sind ein wesentlicher Bestandteil der Hundeernährung und sollten nicht weggelassen werden. Fette halten das Fell deines Hundes geschmeidig, liefern viel Energie und helfen deinem Hund, Vitamine aufzunehmen. Fette im Hundefutter stammen aus Fleischquellen, Pflanzenölen und Fischöl. Es mag dir unangenehm sein, Zutaten wie Hühnerfleischmehl, Rindertalg oder Knorpel im Futter deines Hundes zu sehen, aber all das sind nahrhafte Teile des Tieres, die dein Hund in seiner Ernährung braucht.

Viele wohlmeinende Hundebesitzer füttern ihre Hunde mit Diäten, die nicht zu den Ernährungsbedürfnissen von Caniden passen. Manchmal orientieren sich Hundehalter an Trends der menschlichen Ernährung – einer völlig anderen Spezies mit anderen Bedürfnissen. Kohlenhydrate sind beispielsweise der jüngste Nährstoff, der verteufelt wird. Früher galten Fette als Nährstoffe, die man meiden sollte. Beide sind jedoch für die Langlebigkeit eines Hundes unerlässlich. Oder ein veganer Mensch entscheidet, dass sein Hund nur von Obst und Blattgemüse leben sollte. Wenn du Bedenken bezüglich der Ernährung deines Hundes hast, ist es am besten, einen Tierarzt zu konsultieren, bevor du deinen Hund auf eine Modediät setzt.

Wie man das richtige Hundefutter auswählt

„Wir haben festgestellt, dass viele Hunde empfindlich auf Huhn reagieren, selbst wenn es in Allergietests nicht auffällt."

Tamara Spridgeon
Daizy Doodles

Selbst wenn du weißt, welche Nährstoffe dein Hund braucht, kann es überwältigend sein, ein Futter auszuwählen, wenn es so viele Marken

und Geschmacksrichtungen gibt. Wenn du deinen Welpen von einem Züchter gekauft hast, hat dieser wahrscheinlich ein bevorzugtes Futter für seine Hunde. Dein Welpe wird vermutlich auch an dieses Futter gewöhnt sein, daher möchtest du die Marke vielleicht nicht wechseln. Sobald dein Welpe erwachsen ist, kannst du von der Welpenmischung zur entsprechenden Erwachsenenformel wechseln.

Wenn du einen Goldendoodle adoptiert hast oder wenn das aktuelle Futter deines Welpen nicht für euch beide funktioniert, musst du aus der riesigen Auswahl an Hundefutter im Zoofachhandel wählen. Zunächst musst du dich zwischen Trocken- und Nassfutter entscheiden. Wenn dein Goldendoodle Probleme beim Fressen hat, brauchst du möglicherweise Nassfutter. Ansonsten ist Trockenfutter für die meisten Hunde am besten. Wenn dein Hund Trockenfutter kaut, schabt die knusprige Oberfläche Plaque von den Zähnen. Wenn dein Hund Nassfutter frisst, entfällt nicht nur dieses Abschaben, sondern das nasse Futter bleibt an den Zähnen haften. Wenn dein Hund also keine Probleme beim Kauen hat oder besonders wählerisch ist, ist Trockenfutter in der Regel besser als Nassfutter.

Im Großen und Ganzen enthalten alle handelsüblichen Hundefutter die wesentlichen Nährstoffe, die dein Hund zum Gedeihen braucht. Diese Futtermittel enthalten Kohlenhydrate, Proteine, Fette und eine Mischung aus Vitaminen und Mineralstoffen in unterschiedlichen Mengen. Einige Hundefutter sind günstig, weil die verwendeten Zutaten preiswert sind. Andererseits sind manche Hundefutter fast unerschwinglich, weil sie teurere Zutaten verwenden. Aus diesem Grund ist es vielleicht am besten, ein Hundefutter zu wählen, das irgendwo in der Mitte der beiden Extreme liegt. So erhältst du Qualitätszutaten, ohne für einen Markennamen zu viel zu bezahlen. Von dort aus wählst du eine Geschmacksrichtung, die dein Hund genießen wird. Einige Hundefutterhersteller und Zoofachgeschäfte geben sogar Proben aus, wenn du dir wirklich unsicher bist. Wenn du ein Futter ausprobierst und dein Hund es nicht anrührt, wird er vielleicht eine andere Geschmacksrichtung verschlingen. Sobald du ein Futter gefunden hast, das funktioniert, bleibe dabei. Während Menschen Abwechslung bei den Geschmacksrichtungen mögen, kommt ein Hund besser mit Beständigkeit in seiner Ernährung zurecht. Andernfalls können Verdauungsprobleme auftreten.

Einige Hundebesitzer ziehen es vor, ihren Goldendoodles eine Diät aus frischen Lebensmitteln in Lebensmittelqualität zu füttern, im Gegensatz zu kommerziellem Hundefutter. Das ist in Ordnung, sollte aber unter tierärztlicher Aufsicht erfolgen. Es ist teurer und erfordert viel mehr Planung, deinen Hund mit frischen Lebensmitteln zu füttern, aber solange dein Hund die richtige Ernährung erhält, ist es durchaus akzeptabel.

Viele selbstgemachte Hundefutterrezepte enthalten Proteine wie Hühnerbrust und Rinderorgane, Fette wie Fischöl und Kohlenhydrate wie Reis und Kartoffeln. Reichlich Obst und Gemüse in dieser Art von Ernährung liefern die Vitamine und Mineralstoffe, die dein Hund braucht, um gesund zu bleiben. Es erfordert viel Wissen und Planung, deinem Hund selbstgemachtes Futter zu geben, aber mit entsprechender Betreuung ist es eine gültige Form der Haustierernährung.

Menschliche Nahrung

Abgesehen von selbstgemachten Diäten fällt es Hundebesitzern schwer, ihrem Hund keine menschlichen Lebensmittel zu geben. Ob du versuchst, Lebensmittelabfälle in deinem Haushalt zu reduzieren, oder du deinen kleinen Freund einfach sehr glücklich machen willst, es ist schwer, deinen Hund nicht deinen Teller abschlecken zu lassen. Menschliche Nahrung kann eine ausgezeichnete Ernährung und überlegene Motivation für deinen Hund bieten, aber sie kann auch lästige Verhaltensweisen und Gesundheitsprobleme mit sich bringen. Wenn du deinen Hund aus deinem Kühlschrank fütterst, ist es wichtig, genau darauf zu achten, was du deinem Vierbeiner gibst.

Zunächst einmal wird das Geben von Leckerbissen von deinem Tisch oder Teller die Idee verstärken, dass dein Hund betteln sollte. Es mag die ersten Male niedlich sein, aber nicht mehr, wenn deine Familie oder Gäste sich nicht zum Essen hinsetzen können, ohne dass dein Hund an ihrem Bein kratzt oder auf den Tisch springt, um einen Bissen zu stehlen. Sobald du einem Hund beibringst, dass er Futter von deinem Teller bekommen kann, ist es schwierig, diese schlechte Angewohnheit zu brechen.

Zweitens sind Tischabfälle nicht immer das Beste für deinen Hund. Oft füttern Menschen Knorpel von ihrem Steak oder Reste, die mit hundeunfreundlichen Zutaten wie Zwiebeln, Schokolade und Avocados zubereitet wurden. Dieses zusätzliche Futter kann zu ihrer täglichen Kalorienzahl beitragen und mit der Zeit Pfunde ansetzen. Selbst Lebensmittel, die nicht direkt gefährlich sind, könnten deinem Hund Bauchschmerzen bereiten. Einige Hunde haben beispielsweise Schwierigkeiten, Milchprodukte zu verdauen, und könnten auf deinem Teppich eine Sauerei hinterlassen, wenn sie zu viel Käse bekommen.

Es gibt einige akzeptable Gründe, deinen Hund mit menschlicher Nahrung zu füttern. Die Lebensmittel, die wir essen, können für deinen Hund sehr appetitlich sein, was sie zu ausgezeichneten Trainingsbelohnungen macht. Und viele Obst- und Gemüsesorten sind kalorienarm und bieten eine ausgezeichnete Ernährung. Wenn du deinem Hund also ein kleines

Stück Fisch als hochwertige Trainingsbelohnung gibst oder ein paar Blau-beeren in seinen Napf legst, wirst du wahrscheinlich keine lästigen Verhal-tensweisen verursachen oder deinen Hund krank machen.

Gewichtsmanagement

Da Goldendoodles so aktiv sind, wird ihre tägliche Bewegung wahr-scheinlich ausreichen, um sie davor zu bewahren, pummelig zu werden. Aber es ist für jeden Hund möglich, übergewichtig zu werden, wenn er nicht das richtige Gleichgewicht zwischen Kalorien und Bewegung hat. Wenn ein Hund sein Idealgewicht hat, sollte es eine deutliche Einbuch-tung in seiner Taille um seine Hüften geben, aber keine Rippen sollten sichtbar sein. Du solltest die Knochen deines Hundes fühlen, aber nicht sehen können.

Solange du die Fütterungsanweisungen auf der Verpackung deines Hundefutters befolgst, sicherstellst, dass dein Hund täglich einige Stunden Bewegung hat, und es mit den Leckerbissen nicht übertreibst, solltest du dir nicht zu viele Gedanken über Gewichtszunahme machen müssen. Wenn dein Goldendoodle jedoch plötzliche, unerklärliche Gewichtsveränderun-gen hat, suche sofort einen Tierarzt auf. Wenn dein Hund an Gewicht zu-nimmt und es keinen zugrunde liegenden medizinischen Grund gibt, gibt es einige Dinge, die du tun kannst, um deinen Hund wieder in Form zu bringen. Achte zunächst auf die Extras, die dein Hund den ganzen Tag über zu fres-sen bekommt. Gibst du deinem Hund Tischabfälle oder viele kalorienrei-che Leckerbissen? Schau dir auch die Essgewohnheiten deines Hundes an. Wenn er den größten Teil seines Futters zu den Mahlzeiten frisst, aber nicht alles, lass ihn nicht den ganzen Tag über naschen. Entferne stattdessen das überschüssige Futter und gib deinem Hund bei der nächsten Mahlzeit eine gleiche Portion. Arbeite dann daran, die Bewegungsmenge deines Hundes zu erhöhen. Beginne langsam und steigere dich, bis du täglich einige lange Spaziergänge machen kannst, ohne dass dein Vierbeiner außer Atem gerät. Wenn das nicht funktioniert, reduziere seine tägliche Futtermenge ein we-nig, bis du die richtige Kalorienzahl für sein Aktivitätsniveau findest. Sobald du die notwendigen Anpassungen an der Ernährung und Bewegung deines Hundes vornimmst, sollte er allmählich zu einem gesünderen Gewicht zu-rückkehren. Mollige Hunde können niedlich sein, aber das überschüssige Fett, das ihren Körper belastet, ist es nicht.

Tierärztliche Untersuchungen

Für die Gesundheit deines Goldendoodles ist es am besten, Probleme zu verhindern, bevor sie ernsthafte Schwierigkeiten für deinen Hund verursachen. Eine Möglichkeit, dies zu tun, ist, deinen Hund für eine jährliche Untersuchung zum Tierarzt zu bringen. Bei diesen regelmäßigen Untersuchungen wird dein Tierarzt dich fragen, ob du Veränderungen in der Gesundheit deines Hundes bemerkt hast oder ob du Bedenken bezüglich deines Goldendoodles hast. Selbst wenn deine Bedenken sich als unbegründet herausstellen, ist es immer noch ein guter Zeitpunkt, Fragen zu stellen, die du haben könntest.

Dein Tierarzt wird eine schnelle, aber gründliche Untersuchung deines Hundes durchführen. Er wird die Augen, Ohren und den Mund auf Anomalien überprüfen. Er wird das Herz, die Lunge und den Bauch deines Hundes abhören, um sicherzustellen, dass alles normal klingt. Die Temperatur deines Hundes wird gemessen, um auf Infektionen zu prüfen. Schließlich wird der Tierarzt seine Hände entlang deines Hundes führen, um sicherzustellen, dass mit seinen Beinen, seinem Rücken und seinem Bauch alles in Ordnung ist.

Der Grund, warum es so wichtig ist, jedes Jahr zu gehen, ist, dass ein Tierarzt schnell ein Problem diagnostizieren kann, das du möglicherweise nicht einmal bemerkst. Und wenn du regelmäßig gehst, kann er Veränderungen von Jahr zu Jahr verfolgen und Probleme identifizieren, die im Auge behalten werden müssen. Wenn du nur zum Tierarzt gehst, wenn dein Hund krank ist, gibt es keinen Maßstab, um den aktuellen Zustand deines Hundes zu vergleichen.

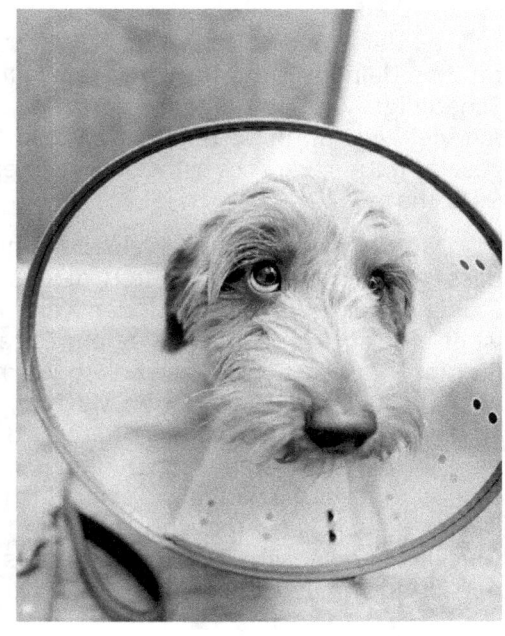

Wenn dein Hund beim Tierarzt nervös wird, kann es helfen, ihn auf das Kommende vorzubereiten. Übe, in die Ohren deines Hundes zu schauen, seine Lippen zurückzuziehen, um seine Zähne freizulegen, und still zu sitzen, während du einen Herzschlag fühlst. Es ist auch hilfreich, wenn ein Freund diese Dinge tut, damit dein Hund sich daran gewöhnt, dass Fremde ihn berühren. Leckerlis zeigen deinem Hund auch, dass der Tierarzt nicht so schlimm ist. Du kannst die Lieblingsleckerlis deines Hundes mitnehmen, zusätzlich zu denen, die der Tierarzt anbietet.

Flöhe, Zecken und Würmer

„Es gibt spezifische genetische Krankheiten, die bei Golden Retrievern oder Pudeln Anlass zur Sorge geben, aber es gibt nur sehr wenige, die sich überschneiden, was ein weiteres gutes Merkmal von Goldendoodles ist. Wir testen auf die Von-Willebrand-Blutungsstörung, weil sie bei Pudeln sehr häufig vorkommt und möglicherweise auch bei Retrievern zu finden ist. Wir testen auch auf Degenerative Myelopathie, weil sie bei fast allen Hunderassen vorkommt. Die allgemeine genetische Gesundheit ist bei Doodles viel besser als bei ihren Vorfahren, weil die rezessiven Merkmale, die in die reinrassigen Tiere gezüchtet wurden, durch die geringe Wahrscheinlichkeit, dass sie in beiden Rassen existieren, aufgehoben werden."

Kristine Probst
Island Grove Pet Kennels

Teil der Präventivpflege ist es, Vorkehrungen zu treffen, um Parasiten von deinem Hund fernzuhalten. Hunde sind wie Magnete für diese Schädlinge, weil sie Dinge fressen, die sie nicht sollten, und in Gebieten mit viel Vegetation herumwandern. Und sobald sich die Parasiten festgesetzt haben, kann es schwer sein zu erkennen, dass dein Hund einen Befall hat.

Darmwürmer sind bei Welpen ziemlich häufig. Wenn du bemerkst, dass sich die Essgewohnheiten deines Hundes geändert haben, sein Stuhlgang unregelmäßig ist oder wenn er lethargisch ist oder erbricht, ist es eine gute Idee, ihn von einem Tierarzt untersuchen zu lassen. Eine Stuhlprobe kann schnell zeigen, ob Würmer im Darm sind, und es kann ein Medikament verschrieben werden, um das Problem zu beheben. Herzwürmer sind ein weiterer Parasit, der durch den Blutkreislauf wandert. Infizierte Mücken stechen deinen Hund, wodurch der Herzwurm in den Blutkreislauf gelangt und schließlich seinen Weg zum Herzen findet. Dieser Parasit kann tödlich sein, wenn er nicht sofort behandelt wird. Glücklicherweise gibt es ein monatliches Präventivmedikament, das deinen Hund vor Herzwürmern schützen kann. Nach einem schnellen Bluttest wird dein Tierarzt ein Medikament verschreiben, das du deinem Hund jeden Monat zur gleichen Zeit geben sollst. Solange du dieses Medikament regelmäßig an deinen Hund gibst, musst du dir keine Sorgen über Herzwürmer machen.

Flöhe und Zecken sind weitere Parasiten, die sich leicht an deinen Hund heften können. Diese Kreaturen saugen das Blut deines Hundes und können möglicherweise gefährliche Krankheiten übertragen. Außerdem verursachen Flöhe extremen Juckreiz und sind schwer abzutöten, sobald ein Befall beginnt. Einige Hunde sind sogar allergisch gegen Flohbisse, was den Juckreiz noch verstärkt. Um zu verhindern, dass dein Hund diese Schädlinge mit nach Hause bringt, wähle ein Präventivmittel, das am besten für deinen Vierbeiner geeignet ist. Topische Präventivmittel können einmal im Monat auf das Fell deines Hundes aufgetragen werden. Oder es gibt orale Präventivmittel, die dazu führen, dass Flöhe und Zecken sterben, wenn sie deinen Hund beißen. Wenn Flöhe und Zecken auf deinem Goldendoodle nicht überleben können, ist die Chance geringer, dass sich diese Schädlinge vermehren und deinem Hund schaden.

Impfungen

Impfungen sind ein weiterer wichtiger Teil der Präventivpflege, und einige sind sogar gesetzlich vorgeschrieben. Es gibt eine Handvoll ansteckender Krankheiten, gegen die Tierärzte impfen können, beginnend wenn dein Hund ein Welpe ist. An vielen Orten muss dein Hund auf dem neuesten Stand seiner empfohlenen Impfungen sein, um an Trainingskursen teilnehmen oder Hundeparks besuchen zu können. Tatsächlich ist es am besten, mit dem Besuch von Hundeparks zu warten, bis dein Welpe alle seine Impfungen erhalten hat. Die Tollwutimpfung ist erforderlich, um deinen Hund anzumelden, da ein ungeimpfter Hund ein Risiko für die öffentliche Gesundheit darstellen kann.

Obwohl Impfungen in den letzten Jahren zu einem heißen Thema geworden sind, gibt es keinen Grund, deinen Hund nicht zu impfen. Indem du deinen Hund frei von ansteckenden Krankheiten hältst, trägst du deinen Teil dazu bei, schreckliche Viren zu eliminieren, die viele Hunde töten. Du schützt nicht nur deinen Hund, sondern auch andere Hunde, die möglicherweise nicht auf dem neuesten Stand ihrer Impfungen sind. Wenn dein Welpe seine ersten Impfungen bekommt, wird dein Tierarzt deinen Hund auf einen Impfplan setzen. Die Klinik wird dich dann jedes Mal benachrichtigen, wenn dein Hund Auffrischungsimpfungen benötigt, um seine Immunität aufrechtzuerhalten. So musst du dir kei-

Foto von
Nick Frega

ne Sorgen machen, ob dein Hund die richtigen Impfungen zur richtigen Zeit bekommt.

Genetische Krankheiten

Da der Goldendoodle halb Golden Retriever und halb Pudel ist, stammen häufige genetische Leiden von beiden Rassen. Das Gute an Kreuzungen ist, dass sie weniger wahrscheinlich an tödlichen genetischen Krankheiten leiden, weil es weniger Inzucht zwischen Hunden gibt. Wenn du von einem seriösen Züchter kaufst, begrenzen dessen Praktiken die Anzahl der genetischen Leiden, indem nur gesunde Hunde zur Zucht ausgewählt werden. Es gibt jedoch einige Leiden, die bei bestimmten Rassen häufiger vorkommen, daher ist es gut zu wissen, worauf man achten sollte.

Es gibt einige Erkrankungen des Skelettsystems, auf die du achten solltest, wenn dein Hund plötzlich zu hinken beginnt. Die Patellaluxation ist ein Zustand, bei dem die Kniescheibe herumrutscht und unter bestimmten Umständen „hängen bleibt". Schon das einfache Laufen und Springen kann dazu führen, dass das Knie aus seiner Position rutscht, was äußerst schmerzhaft sein kann. Die Hüftdysplasie ist eine weitere Erkrankung, die im Allgemeinen bei größeren Rassen vorkommt, bei der das Hüftgelenk nicht sehr gut in die Pfanne passt, was Schmerzen und Mobilitätsprobleme verursacht. Beide Zustände müssen operativ behandelt werden, wenn sie schwerwiegend genug sind. Dies ist bei Golden Retrievern häufig, weil sie so schnell wachsen, daher kann es auch bei Goldendoodles ein Problem sein.

Diese Rasse leidet auch häufiger an Netzhautatrophie und anderen Augenproblemen. Dies ist eine Augenerkrankung, die im Laufe der Zeit zur Erblindung führen kann. Natürlich ist dies eine der Erkrankungen, die im Zuchtprozess eliminiert werden sollten. Wenn du jedoch einen Hund aus unbekannter Herkunft adoptierst, solltest du die Augen deines Hundes testen lassen, wenn er Schwierigkeiten hat, im Dunkeln zu sehen. Dies ist ein Zeichen dafür, dass sich seine Gesamtsehkraft verschlechtert. Pudelkreuzungen haben auch ein höheres Risiko für Schilddrüsenprobleme. Sprich mit deinem Tierarzt, wenn dein Hund plötzlich lethargisch ist oder fleckiges Fell hat. Er kann Medikamente verschreiben, die seinen Hormonspiegel schnell wieder normalisieren.

Pudel neigen auch zu Allergien und Unverträglichkeiten, sowohl der Haut als auch des Magen-Darm-Trakts. Lebensmittel, Pflanzen oder andere Umweltfaktoren können dazu führen, dass dein Goldendoodle juckende Haut bekommt. Wenn juckende Haut unbehandelt bleibt, können sich Wunden und Hot Spots auf der Haut entwickeln. Wenn die Haut aufgebrochen ist, können Bakterien leicht eindringen und Infektionen verursachen. Wenn es deinen Hund übermäßig juckt, probiere ein Anti-Juckreiz-Spray oder eine Creme von deinem Tierarzt oder Zoohandel aus. Dies kann ausreichend Linderung bieten, um deinen Hund vom Kratzen abzuhalten. Wenn das nicht funktioniert, kann ein Tierarzt Medikamente verschreiben, um die allergische Reaktion zu stoppen.

Pudelkreuzungen neigen auch zu empfindlichen Mägen. Laut Dede Hard von Red Cedar Farms haben Goldendoodles oft empfindliche Bäuche und leiden unter stressbedingtem Durchfall, besonders als Welpen. Wenn du denkst, dass dein Hund eine Reaktion auf sein Futter hat, probiere eine andere Sorte aus und achte darauf, ob die Magen-Darm-Symptome nachlassen. Bei manchen Hunden kann es das Huhn sein, das ihnen nicht bekommt. Bei anderen könnte es ein Problem mit dem Getreide sein. Überlege jedoch ernsthaft, deinen Hund nicht auf ein „getreidefreies" Futter umzustellen, wenn er keine vorherigen Probleme mit bestimmten Zutaten hatte. Jüngste Studien haben einen Zusammenhang zwischen getreidefreiem Hundefutter und Herzerkrankungen gezeigt. Getreidefrei mag eine aktuelle Mode bei Hundefutter sein, aber sprich mit einem Tierarzt, bevor du zu einer neuen Formel wechselst.

Pflege älterer Hunde

Goldendoodles haben eine ziemlich lange Lebensdauer von zehn bis vierzehn Jahren, aber bevor du es weißt, wird dein Hund als Senior betrachtet. Ältere Hunde spielen und erkunden immer noch gerne, aber sie werden ein wenig langsamer, besonders im Vergleich zu dem Energielevel, das sie als Welpe zeigten.

Du wirst vielleicht feststellen, dass dein älterer Hund Gelenkschmerzen hat, wenn er versucht zu laufen oder zu spielen. Dies ist oft bemerkbar, wenn er morgens aufsteht oder nach einem Nickerchen versucht, herumzulaufen. Es gibt einige Dinge, die du tun kannst, um diese Steifheit und Schmerzen zu lindern. Zunächst einmal stelle sicher, dass dein Hund ein weiches und stützendes Bett zum Ausruhen hat. Wenn er es gewohnt ist, auf die Couch zu springen, kann das für ihn mit zunehmendem Alter schwieriger werden. Es gibt Gelenkergänzungsmittel, die du deinem Hund geben kannst, die helfen, einige der Schäden zu reparieren, die im Laufe der Zeit an den Beingelenken auftreten. Wenn dein Hund erhebliche Schmerzen zu haben scheint, sprich mit deinem Tierarzt über entzündungshemmende Medikamente. Dies kann ein gutes Mittel gegen Gelenkschmerzen sein.

Dein älterer Goldendoodle kann auch an Gewicht zunehmen, wenn er sich nicht mehr so viel bewegt wie früher. Ältere Hunde benötigen weniger Kalorien als ihre jüngeren Artgenossen. Wenn dein älterer Hund an Gewicht zunimmt, erwäge, seine tägliche Nahrungsaufnahme zu reduzieren. Wenn er Schwierigkeiten hat, knuspriges Trockenfutter aufgrund von vermindertem Geruchssinn oder schmerzhaften Zähnen zu fressen, versuche, Trocken- und Nassfutter zu mischen, um es leichter kaubar zu machen. Oder gieße ein wenig Wasser oder Brühe über das knusprige Futter.

Möglicherweise musst du auch deine Bewegungsroutine ändern. Während du früher vielleicht joggen konntest, wirst du einen Zeitpunkt erreichen, an dem das für deinen alten Hund einfach zu anstrengend ist. Bewegung ist immer noch wichtig, aber du könntest entscheiden, dass ein leichter Spaziergang zu weniger Schmerzen und Steifheit in den Beinen deines Hundes führt. Es ist auch wichtig, die geistige Fitness deines Hundes weiterhin mit Rätseln und anderen Spielen zu testen, wenn er älter wird. Es kann seinen Geist scharf halten, was zu weniger Verwirrung und Unruhe führt.

Vor allem ist es wichtig, Qualitätszeit mit deinem Goldendoodle zu verbringen. Diese Hunde sind Begleittiere und wollen sich an dich kuscheln. Du wirst vielleicht feststellen, dass dein Goldendoodle mit zunehmendem Alter weniger daran interessiert ist, Apportieren zu spielen, und mehr daran interessiert ist, sich an dich zu kuscheln, während du ein Buch liest. Schätze diese Momente mit deinem Hund, denn sie werden nicht ewig dauern. Denke auch daran, dass Hunde etwa ab dem Alter von acht Jahren als „Senioren" gelten. Bei richtiger Pflege ist es durchaus möglich, dass dein Hund ein weiteres Jahrzehnt als älterer Hund lebt.

Irgendwann wird die Zeit kommen, in der du Abschied nehmen musst. Wenn dein Hund große Schmerzen hat, nicht mehr selbstständig auf die Toilette gehen kann oder unter vielen verschiedenen altersbedingten Beschwerden leidet, entscheidest du vielleicht, dass Einschläfern die beste Option ist. Diese Entscheidung für dein Haustier zu treffen, kann äußerst schwierig sein, aber du wirst wissen, wann sich der Zustand deines Hundes nur noch verschlechtert und seine Lebensqualität leidet. Wenn du zu diesem Schluss kommst, sprich mit einem Tierarzt um Rat. Eine Untersuchung kann dir sagen, ob es etwas gibt, das sie für deinen Hund tun können. Wenn nicht, werden sie dich durch den Einschläferungsprozess führen.

Mit einer guten Ernährung und vorbeugender Pflege wird dein Goldendoodle ein langes und gesundes Leben führen. Was seine Ernährung betrifft, denke nicht zu viel nach – Hunde brauchen eine ausgewogene Ernährung mit Kohlenhydraten, Proteinen, Fetten, Vitaminen und Mineralstoffen. Sie müssen auch so viele Kalorien verbrennen, wie sie zu sich nehmen, damit sie in einem gesunden Gewichtsbereich bleiben. Bei der tierärztlichen Versorgung ist Vorbeugung der Schlüssel. Halte die Impfungen auf dem neuesten Stand, verwende Parasitenpräventivmittel und besuche deinen Tierarzt jährlich, um deinem Hund die beste Chance zu geben, gesund zu bleiben. Und wenn du jemals über die Gesundheit deines Goldendoodles besorgt bist, kannst du immer deinen Tierarzt anrufen.

Einen Goldendoodle zu haben, ist eine solche Freude. Diese süßen, lebhaften Hunde sorgen dafür, dass du nie einen langweiligen Tag in deinem Leben hast. Sie sind klug und lernbegierig, aber auch sensibel und entspannt. Sobald du deinen neuen Goldendoodle nach Hause bringst, wirst du verstehen, warum diese entzückenden Hunde so beliebt sind. Es braucht viel Zeit, Energie, Geduld und Geld, um einen Hund vom Welpen zum Senior zu erziehen, aber es lohnt sich absolut. Denke daran, es gibt tonnenweise Ressourcen, die dir helfen, deinen Goldendoodle zu verstehen, und sie alle helfen gerne einem Besitzer und seinem Hund, eine solide Beziehung aufzubauen. Bevor du es weißt, wirst du dich fragen, wie du jemals ohne dein pelziges Familienmitglied leben konntest!